商务英语实训课程设计
与教学策略研究

高丽丽 ◎ 著

中国出版集团

中译出版社

图书在版编目（CIP）数据

商务英语实训课程设计与教学策略研究 / 高丽丽著.
北京 : 中译出版社, 2024. 7. -- ISBN 978-7-5001
-8023-4

Ⅰ. F7

中国国家版本馆CIP数据核字第2024DT0142号

商务英语实训课程设计与教学策略研究

SHANGWU YINGYU SHIXUN KECHENG SHEJI YU JIAOXUE CELÜE YANJIU

出版发行 / 中译出版社
地　　址 / 北京市西城区新街口外大街28号普天德胜大厦主楼4层
电　　话 /（010）68359827, 68359303（发行部）；68359287（编辑部）
邮　　编 / 100044
传　　真 /（010）68357870
电子邮箱 / book@ctph.com.cn
网　　址 / http://www.ctph.com.cn

策划编辑 / 于建军
责任编辑 / 于建军
封面设计 / 蓝　博

排　　版 / 雅　琪
印　　刷 / 廊坊市文峰档案印务有限公司
经　　销 / 新华书店

规　　格 / 710毫米 × 1000毫米　　1/16
印　　张 / 11
字　　数 / 210千字
版　　次 / 2025年1月第1版
印　　次 / 2025年1月第1次

ISBN 978-7-5001-8023-4　　　　　　　**定价:** 88.00元

前　言

　　随着我国经济的飞速发展以及全球商业环境的不断变化，商务英语的地位日益凸显，已经成为连接不同国家商业活动的桥梁，社会对商务英语人才需求也大幅增加。在这种背景下，商务英语实训课程显得尤为重要，它旨在培养学生不仅要掌握语言技能，更能够在真实的商务环境中灵活运用这些技能解决实际问题。传统的商务英语教学往往偏重于理论教学，诸如词汇、语法和书面文本分析等内容占据了课程的大部分时间。这种模式虽然在一定程度上建立了学生的语言基础，但却忽视了语言技能在真实商务情境中的应用。实际商务环境中的交流远比课堂上的情景复杂，涉及谈判、演讲、市场分析等多种形式，这些都需要学生具备快速应变和高效沟通的能力。为了解决这种重理论轻实践的现象，我们必须对商务英语实训课程进行合理的设计。

　　本书旨在探讨商务英语实训课程的设计与教学策略，为商务英语教师和教育工作者提供全面的指导。通过分析商务英语概念与发展、实训的重要性以及课程设计的基本原则，第一章介绍了商务英语实训教学概况；第二章至第七章分别从目标设定、课程内容与结构设计、教学资源与教材选择、教学方法与技巧、课程评估与反馈、教师角色与能力培养等方面展开讨论。每章节详细探讨了相关主题，并提供了实用的教学建议和方法，以帮助读者更好地理解商务英语实训教学的核心概念，并能够在实践中灵活运用教学策略，提升教学效果。

　　在本书的撰写过程中作者参考了大量业内专家、学者的观点，在此向这些专家学者们表示真挚的敬意和感谢！由于作者水平有限，书中的疏漏和不足之处在所难免，敬请读者批评指正。

作者
2024 年 3 月

Contents

目 录

第一章 商务英语实训教学概述

第一节 商务英语的概念与发展

一、商务英语的概念界定

（一）商务英语的概念

商务英语是一种特殊用途英语（ESP），它专为商业环境中使用而设计。这种语言形式融合了广泛的商业知识，包括经济、贸易、营销、管理、信息技术、法律、金融和会计等。商务英语不仅在词汇使用、句子结构和文本布局上与普通英语有所不同，其独特性还体现在它专注于特定的商业目的和场景。

根据 Elis 和 Johnson（2002）的定义，商务英语满足特殊语料的要求，并强调在特定语境下的交际风格。因此，教授商务英语的方法包括需求分析、使用真实的商业语料、模拟真实的商务环境，以及侧重信息传递和任务驱动的教学。这种方法旨在帮助学生根据他们的具体需求，有效地在真实的商务情景中进行交流。

商务英语可以分为一般商务英语和专门商务英语两大类。一般商务英语涉及广泛的商业活动，如询价、定价、报关、编制货单、签订合同、广告以及营销策略等基本知识。而专门商务英语则关注更为具体的专业领域，如金融、机电、医药、化工、建筑以及相关的法律领域等，这些领域的语言使用具有更强的行业特色和更多的专业术语。

简而言之，商务英语是为了满足商业领域特定需求而形成的英语变体，它涉及从国际贸易到日常买卖交易的各种商业行为。

（二）商务英语的特点

商务英语是一个专业领域，它结合了语言学、商科理论和人文知识，以满足国际商务环境中的交流需求。了解商务英语的特点是理解其教学和学习方法的关键。

1. 商务英语的普通教育学特点

商务英语教育在普通教育学的基础上，具有一些独特的教学特点。其一，其教学目标明确，旨在培养学生在商业环境中有效使用英语的能力。这不仅包括语言知识的掌握，还包括对商业文化的理解和商务交际技能的培养。其二，教学内容通常是实用性很强的商业文档编写、商务谈判、报告制作、演讲等技能的训练。其三，商务英语教育注重学生实际应用能力的培养。在教学方法上，广泛采用案例分析、角色扮演、模拟商务环境、团队项目等互动和参与性强的教学活动，以增强学生的参与感和实际操作能力。其四，评估方式也多样化，除了传统的书面考试，更多采用项目评估、口头报告和实际表现等形式来评价学生的综合能力。

2. 商务英语的语言学特点

商务英语在语言学上的特点显著，它不同于日常英语，拥有自己的词汇、语法结构、表达方式等。商务英语的词汇通常更为正式和专业，包括大量的商业术语和行业特定词汇，如贸易、金融、市场营销、管理等领域的专业词汇。在语法上，商务英语倾向于使用更为复杂和正式的结构，强调清晰性和准确性。句子结构往往更加严谨，使用被动语态的频率较高，以体现客观和公正。此外，商务英语在语调和语气上也有特别的要求，需要更加注意礼貌和尊重，避免直接和冒犯性的表达。

3. 商科理论知识的特点

商务英语的另一个重要组成部分是商科理论知识。这部分内容涵盖了经济学、管理学、市场营销、国际贸易等多个商业管理领域，以及这些领域中的理论和实践。商科理论知识特点是实用性强和理论性强，旨在帮助学生理解和分析商业操作和管理过程中的复杂问题。在商务英语教学中，理论知识的讲解通常与案例分析结合，通过具体的商业场景来展示理论的应用。这种教学方式有助于学生更好地理解抽象的商科理论，并学会如何在实际商务活动中运用这些理论。

4. 人文理论知识的特点

商务英语还涉及一定的人文理论知识，包括文化、伦理和社会交往等方面。这些知识帮助学生在跨文化的商务环境中更有效地交流和操作。例如，不同文化背景下的商业礼仪、谈判风格和决策习惯等，都是商务英语教学中不可或缺的一部分。人文理论知识的特点是跨学科和应用性，强调在不同文化和社会背景下的应用。在商务英语教学中，教师会通过讲解不同国家的商业文化、实际案例分析等方式，培养学生的跨文化交际能力和全球视野。

二、商务英语的起源与发展

商务英语是一种专业语言，它的产生和发展与商务交流和商务活动紧密相关。没有商务活动的发展，就没有商务英语的形成。

商务，从本质上讲，涉及人们为了满足自己的需求而进行的物品和服务的交换。这种交换活动可以追溯到人类社会早期的商品交换阶段，随着社会分工的发展，商品交换逐渐演变成了更为复杂的商业活动。在商务活动中，从产生交易意向到寻找交易伙伴、进行商务谈判、讨价还价以及完成商品贸易，这一系列连续的过程构成商务活动的核心。商务活动不仅仅是买卖商品那么简单，它包括一整套复杂的经济交互活动。这些活动不仅限于商品的直接交换，还包括服务、市场营销、广告、品牌管理、客户服务以及商业谈判等。商务活动的目的是实现生产经营目标，促进资源、知识和信息的有效流通。现代商务活动的范围极为广泛，涉及各个行业和领域，从传统的制造业和零售业到信息技术服务、金融服务和国际贸易等。

随着全球化的加深，国际商务活动变得尤为重要。国际商务指的是不同国家之间为了经济发展的需要，在全球或跨区域范围内进行的具有商务目的的合作活动。这些活动包括国际贸易、跨国投资、全球供应链管理以及国际市场营销等。国际商务的核心在于跨国界的经济交易，涉及多国法律法规、多种货币系统以及不同文化背景下的商务谈判。国际商务的复杂性在于它不仅需要处理跨国交易的技术问题，如物流、关税和汇率等，还要解决跨文化交流中的挑战。例如，不同国家和地区在商业习惯、法律环境、商业道德和谈判风格上可能存在巨大差异，这些都需要商务人员具备良好的跨文化沟通能力和国际视野。

在现代社会中，国际商务活动具有高度的复杂性和广泛性，涉及众多领域如国际贸易、国际营销、国际商法、国际金融、国际物流与结算、技术引进、招商引资、对外劳务承包、国际合同、涉外保险、国际旅游、海外投资、电子商务等。这些活动构成当代"大商务"概念的核心，涵盖各国和各地区之间的经济互动。在国际经济、社会和商务交往中，商务人员的活动通常处于多元和异质的文化环境之中，使得文化因素对国际商务活动产生了深远的影响。实际上，国际商务活动不仅仅是经济交换，它还是一种跨文化的交流行为。这种跨文化的特性要求商务活动参与者不仅要精通商业知识，还需具备良好的文化适应能力和交际技巧。商务活动的有效进行依赖于商务人员以及他们之间的交流媒介——语言。语言在国际商务中扮演着桥梁的角色，连接不同文化背景的商务人员，促进信息的流通和交易的达成。那么，为什么英语成了国际商务活动中的通用工具语言？

英语作为一种语言，其发展历史深远，最早可以追溯到公元前500年左右。然而，英语对全球的广泛影响主要始于18世纪的英国工业革命。这一时期，英国经历了一系列技术创新和工业化进程，这不仅改变了生产方式，从手工劳动向动力机器生产的转变，也促使英国成为世界上首个工业化国家。工业革命的影响逐步扩散至整个英国乃至欧洲大陆，并在19世纪传播到北美。随着工业革命的成果和技术的传播，英帝国主义推动了英语从英国本土向全球的扩散。17世纪，英国开始在北美洲进行大规模的殖民活动，建立起众多的北美殖民地。尽管这些殖民地后来脱离了英国成为独立的美国，英国移民所使用的英语却成为美国的官方语言。进入19世纪，特别是第二次世界大战后，美国的崛起加速了英语的全球普及。美国在科技、经济、军事等领域的领先地位，以及其文化的全球影响力，使英语成为国际社会中一个重要的沟通工具。英语在科技、经济、政治、学术和文化交流等多个领域扮演着关键角色。特别是在国际商务领域，英语的作用尤为显著。全球化的经济活动要求跨国沟通，而英语作为一种共通语言，极大地便利了这一进程。在长期的国际商务活动实践中，作为其交流工具的英语，不仅在词汇、语法资源等的选择方面形成一定的特征，而且具有鲜明的意识形态、礼貌体制、话语形式，与一定的商务背景知识相联系，具有明确的目的性，并以需求分析为基础，逐步形成了一个具有特色的英语语言交际系统。这个系统区别于普通英语，具有独有的特征，成为英语语言的一种新的社会功能变体——商务英语。

随着全球化进程的加速和跨国企业及国际贸易的增加，人们对商务英语的需求不断增加。越来越多的企业要求员工具备良好的商务英语沟通能力，以适应全球化经济的发展趋势。数字化技术的广泛应用也推动了商务英语的发展。当代商务活动越来越依赖于互联网、电子邮件、在线会议等数字化技术，因此商务英语也不断涌现出与数字化技术相关的新词汇和表达方式，以满足信息技术快速发展的需求。当代商务领域日益多元化，涉及金融、贸易、市场营销、人力资源管理等多个方面，因此商务英语的学习也需要根据不同领域的需求进行专业化和个性化的培训。为了更好地适应当代商务英语的需求，教育界不断进行教育改革和技术创新，采用先进的教学方法和技术手段，如在线教育、虚拟现实技术等，以提高教学效果和学习体验。商务英语学习者越来越重视专业认证和培训体系建设，如国际商务英语证书（BEC）、商务英语能力考试（BULATS）等，这些认证证书的获得对于求职和职业发展至关重要。

第二节　商务英语实训的重要性

一、商务英语实训的定义

　　商务英语实训是一种旨在通过模拟和实际的商务环境来提升学生商务英语应用能力的教育方法。这种教育方式强调在真实或接近真实的商业情景中使用英语进行有效沟通，以培养学生的语言技能、商业知识和跨文化交流能力。商务英语实训的核心目的是使学生能够在全球商务环境中成功地沟通和操作，从而提高他们的职业竞争力和国际化视野。在全球化迅速发展的今天，商务英语的重要性日益增加。国际贸易、跨国公司的运营、国际项目的合作等活动都需要使用英语作为沟通的工具。因此，商务英语不仅仅是语言学习，更是一种商业沟通能力的培训，这要求学生不仅要学习语言本身，还要了解商业文化、国际市场营销、国际贸易法规、全球金融知识等。商务英语实训正是为了满足这种需求，通过一系列的教学活动和实训项目，帮助学生综合运用英语和商务知识解决实际问题。

二、商务英语实训的重要性

（一）提高语言运用能力

　　商务英语实训在当代的教育体系中占据着极其重要的地位，它不仅是提升语言运用能力的有效途径，也是培养学生面对真实商务情境的关键环节。通过系统的实训，学生能够在真实或模拟的商业环境中应用语言技能，从而提高其整体的商务交流能力。

　　实训课程通过模拟真实的商务场景，使学生有机会将课堂上学到的语言知识运用于实际中，如商务谈判、会议演讲、客户沟通等。这种教学方式迫使学生跳出传统课堂的理论学习，转向更加实际和动态的语言使用环境。通过实训，学生能够在实际语言使用中发现问题、解决问题,这种过程极大地提升了他们的语言适应能力和灵活运用能力。实训课程中的模拟活动,如角色扮演、模拟会议、客户接待等,为学生提供了充分的实践机会,让他们在仿真的商务环境中锻炼和提高自己的口语交际技巧。学生需要在这些活动中表达自己的观点,进行辩论和谈判,以及处理突发的商务问题,这些都需要一定的口语表达能力和快速反应能力。此外,通过与同伴的互动,学生能够学习如何在商务交流中有效地使用语言工具,处理各种社交场合中可能出现的复杂情况。商务英语的写作能力同样重要,它关系到商务文件、报告、提案及电子邮件等的撰写质量,这些都是商务活动中不可或缺的沟通方式。在商务英语实训中,学生会被要求撰写各种商务文档,通过这一过程,不仅能够实际应用商务英语写作规范和格式,还能学习如何清晰、准确地表达商务信息。此外,写作实训也帮助学生学会如何进行信息搜集、数据分析及如何将这些信息有效转化为书面文本,这对于提高他们的职业竞争力至关重要。通过对话、写作、听力等多样化的实训方式,学生能够在不同的商务情境中使用英语,这种跨场景的语言运用能力是在传统课堂上难以实现的。实训活动使得学生能够将语法、词汇等语言知识与实际使用情景相结合,从而深化对这些知识点的理解和记忆。

(二)培养职业综合素质

在商务英语教育中,实训不仅是提升语言技能的有效手段,同时也是培养学生职业综合素质的关键环节。这种综合素质的培养面向未来职业生涯的多方面需求,包括提升专业知识水平、增强职业技能训练、塑造职业精神和品格等。商务英语实训强调专业知识的应用,使学生能够在实践中深化对商务理论和实践操作的理解。通过实际的商务场景模拟,学生有机会将课堂上学到的理论知识应用到具体的业务活动中,如市场分析、财务管理、国际贸易法规、营销策略等。这种应用不仅帮助学生更好地理解复杂的商务概念,也使他们能够掌握如何在变化的商业环境中使用这些知识解决实际问题。此外,实训还能让学生了解最新的行业动态和技术进展,保持其专业知识的前沿性和竞争力。商务英语实训的另一个重要方面是职业技能的培养。这些技能包括但不限于沟通能力、团队合作、领导力、决策制定、问题解决等。通过参与组织商务会议、进行项目管理、参与谈判模拟等活动,学生可以在实际环境中练习这些技能。例如,团队项目要求学生合作完成任务,这不仅锻炼了他们的协作能力,还提升了领导和管理能力。这样的训练帮助学生在今后的职业生涯中能够更有效地与人交流，解决问题，并成功管理各种商务情境。商务英语实训也注重培养学生的职业精神和道德品格。诚信、责任感、敬业精神、持续学习的态度等都是职场成功的重要因素。实训通过模拟真实商务环境的压力和挑战，帮助学生认识到这些职业道德的重要性。例如，在模拟的商务谈判中，强调诚实和透明度不仅能增加交易的成功率，也能建立持久的业务关系。通过这种训练，学生能够在职业道德和职业行为规范方面形成正确的价值观和行为习惯。

（三）增强就业创业能力

商务英语实训的重要性不仅在于提升语言技能和职业素质，还在于它能显著增强学生的就业和创业能力。商务英语实训为学生提供了宝贵的行业实践机会。通过实训，学生能够直接参与到真实或模拟的商业活动中，从中学习具体的业务操作和管理流程。这种亲身体验使学生能够将理论知识与实际操作相结合，深化对商业实践的理解。例如，参与市场调研可以让学生了解如何收集和分析市场数据，参与产品营销则能让他们实际操作市场推广策略。这些实践经验不仅增强了学生的职业技能，也提高了他们对行业动态的敏感度，从而使他们在就业市场上更具竞争力。实训环境也为学生提供了建立和拓展职场人际关系的平台。在商务英语实训过程中，学生有机会与来自不同背景的同学、教师及业界专家进行交流和合作。通过团队项目和网络活动，学生可以建立起广泛的职业网络，这些人际关系对于他们未来的职业发展极为重要。职场网络不仅能提供职业机会，还能提供行业见解和支持，有助于学生在职业生涯中取得进一步的发展。商务英语实训还重视培养学生的创业意识和能力。通过模拟创业项目，学生可以尝试将创新的商业想法转化为实际的商业计划。实训中的创业活动要求学生从市场调研、产品设计到资金筹措、团队建设等方面全方位考虑，这不仅锻炼了他们的综合商业运营能力，也激发了他们的创业热情。此外，面对创业过程中的挑战和失败，学生能够学习如何应对困难和调整策略，这些经历对于培养他们的创业精神和解决问题的能力是非常有价值的。

（四）丰富跨文化理解视野

商务英语实训在培养学生的语言能力和职业技能的同时，还极大地丰富了学生的跨文化理解视野。在全球化日益加深的当下，商务交流不可避免地涉及不同文化的互动，因此，增进文化差异体验、提高跨文化适应力和开拓国际化视野成为商务英语教育中不可或缺的一部分。

商务英语实训通过模拟国际商务环境，使学生直接体验到不同文化间的交流和合作。这种体验不仅限于语言的使用，更包括对各种商务礼仪、谈判风格、决策过程等文化特征的深入了解。通过这些实践活动，学生可以直观地感受到文化差异对商务交流的影响，学习如何在尊重差异的基础上进行有效沟通。例如，学生可能会通过角色扮演来模拟在不同文化背景下的商务谈判，学习如何在尊重对方文化的同时，达成商业共识。随着商务活动的国际化，商务人员经常需要在多文化的环境中工作，这就要求他们具备较高的跨文化适应力。商务英语实训通过提供多样化的文化情境和挑战，帮助学生提高这一能力。学生在实训过程中学习如何识别和适应不同文化中的行为模式和交流习惯，如何处理可能出现的文化冲突，以及如何利用文化差异创造合作的机会。这些能力的培养对于未来在多元文化背景下的职业生涯至关重要。商务英语实训还旨在帮助学生扩展其国际化视野。通过接触国际商务案例、参与全球范围的项目合作，以及与来自不同文化背景的同学和专家的互动，学生的国际视野得以大幅拓展。这种视野的开阔使学生能够更好地理解全球经济中各种力量的作用，把握国际市场的机遇和挑战，以及更有效地参与国际商务活动。此外，通过理解和欣赏不同文化的价值观和行为习惯，学生能够培养成为全球公民的意识，这对于未来的国际职业发展非常有利。

（五）促进教学模式改革创新

商务英语的实训不仅对学生的职业发展至关重要，而且对整个教育体系内的教学模式带来了深刻的影响和改革。在传统的教学模式中，教育过程往往以理论讲授为主，而缺乏对实际应用能力的培养。然而，商务英语实训的引入促进了教学模式的创新和改革，特别是在突破传统教学模式、加强实践教学环节以及采用现代教学手段方面表现显著。

商务英语实训强调超越传统的以讲授为中心的教学模式，转向更多互动和以学生为中心的学习方式。这种模式鼓励学生通过参与模拟商务活动、案例分析和项目工作等形式，主动探索和实践商务英语的应用。这种教学模式的转变使学生能够更深入地理解商务理论，并将这些理论应用于解决实际问题中，从而提高他们的批判性思维和解决问题的能力。实践教学环节是商务英语教学改革中的一个重要方向。在这一模式下，教师设计各种实际情境，使学生在接近真实的商业环境中运用英语进行沟通和商务决策。例如，通过组织国际贸易模拟、客户服务情景演练和跨文化交流活动，学生可以在实践中学习如何应对真实的商务挑战。这种以实践为中心的教学环节不仅增强了学生的学习兴趣，也极大地提升了他们的职业技能和语言实际运用能力。

随着科技的发展，现代教学手段在商务英语教学中的应用变得越来越广泛。数字技术的引入，如在线学习平台、虚拟现实（VR）技术和人工智能（AI）辅助教学工具，为商务英语教学提供了新的可能性。这些技术使得教学内容更加丰富和灵活，教学方法也更加个性化和高效。例如，通过在线平台，学生可以访问大量的资源进行自学，同时也能与来自世界各地的学生进行互动和协作。此外，VR 技术可以模拟真实的商务谈判和会议场景，提供学生沉浸式的学习体验。

（六）推动专业内涵发展

商务英语实训对推动专业内涵的发展具有重要意义，通过深化专业理念、更新专业内容和完善实践课程体系，为学生提供了更为丰富和实用的学习经验，同时也提升了商务英语教育的整体质量和效果。

首先，商务英语实训有助于深化教育理念的内涵，将传统的语言学习转变为综合的职业技能培养。在实训中，学生不仅学习语言本身，还涉及如何在实际的商务环境中有效使用语言。这种教学理念的转变强调了语言学习与实际应用的结合，培养学生的沟通能力、商业意识和跨文化理解力。实训活动如角色扮演、模拟谈判、案例分析等，都是理念转变的体现，帮助学生将理论知识应用于实际情境中，从而更好地理解和掌握商务英语的实际运用。商务英语的实训也推动了专业内容的更新和优化。随着全球商务活动的变化和技术的发展，商务英语课程需要不断地更新，以适应新的商业环境和技术需求。例如，随着电子商务和数字营销的兴起，商务英语课程加入了社交媒体交流、电子邮件营销等内容。其次，针对国际市场的变化，也增加了全球供应链管理、国际市场入侵策略等主题。通过实训，这些新的内容能够得到有效的应用和演练，增强学生的实际操作能力和未来就业竞争力。最后，商务英语实训的推广和深化还帮助教育机构完善了专业实践课程体系。通过系统的实训课程设计，学生可以在学习期间经历从基础到高级的多层次实践活动，这些活动覆盖了从日常商务交流到复杂商业谈判的广泛技能。实训课程体系的完善不仅提供了多样化的学习平台，也确保了学生能够在多种商务环境中灵活运用英语。专业实践课程体系的完善还包括与行业的紧密合作，通过实习、讲座、工作坊等方式，增强课程的行业相关性和前瞻性。

（七）提高人才培养质量

商务英语实训在提高人才培养质量方面起到了核心作用，形成了一套有效的教育机制。这不仅提高了商务英语教育的适应性和实效性，也为国际商务领域培养了一大批具备高素质的专业人才。商务英语实训注重与行业需求的紧密对接，确保教学内容和教学方式能够反映最新的市场和行业动态。通过与企业和行业专家的合作，教育机构能够及时获取行业的最新需求，包括所需的技能、知识点以及行业发展趋势。这种对接使得课程设计更具前瞻性和针对性，能够针对具体的行业需求进行教学内容的更新和优化。例如，随着数字技术在商务中的广泛应用，商务英语课程增加了数字营销、电子商务等相关内容，以确保学生能够掌握这些重要的商务工具和策略。商务英语实训强调知识和技能的实用性及其在不同商务环境中的可迁移性。实训课程设计旨在提供实际操作经验，使学生能够将在课堂上学到的知识和技能应用到真实的商务场景中。这种实用性训练帮助学生理解理论知识的实际应用方式，增强他们解决复杂商务问题的能力。同时，课程还注重培养学生的可迁移技能，如批判性思维、创新能力、跨文化沟通能力等，这些都是学生在未来职业生涯中频繁使用的核心技能。

商务英语实训的最终目标是全面提升学生的核心素养，这包括专业知识、职业技能和个人品质的综合提升等。实训通过模拟商务环境、团队合作项目、跨文化交流活动等多种形式，帮助学生全面发展。这种教育模式不仅提升了学生的语言运用能力和商务操作技能，还强化了学生的职业道德、团队协作精神和国际视野。通过这种全面的培养，学生能够更好地适应快速变化的国际商务环境，成为具有全球竞争力的商务英语人才。

第三节　商务英语实训课程设计的基本原则

一、职业导向原则

职业导向原则要求商务英语实训课程设计紧密结合市场需求和职业技能标准，确保课程内容和教学活动能够直接对接学生将来的职业需求。

商务英语实训课程需要精确地对应到商务领域中的具体职业技能需求。这意味着课程设计者必须进行行业需求分析，了解当前市场上对商务英语专业人才的

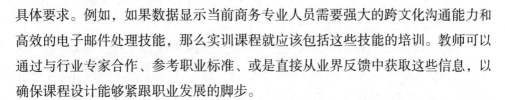

具体要求。例如，如果数据显示当前商务专业人员需要强大的跨文化沟通能力和高效的电子邮件处理技能，那么实训课程就应该包括这些技能的培训。教师可以通过与行业专家合作、参考职业标准、或是直接从业界反馈中获取这些信息，以确保课程设计能够紧跟职业发展的脚步。

除了具体的技能训练，实训课程还应致力于培养学生的职业综合能力，包括批判性思维、问题解决能力、团队协作能力和领导力等。这些能力对于适应快速变化的商务环境至关重要。课程设计可以通过团队项目、案例分析、角色扮演等多种教学方法来培养这些能力。例如，通过模拟商务谈判，学生不仅可以练习英语，还能学习如何在多变的商务环境中进行有效沟通和决策。通过这种方式，实训不仅仅是技能的训练场，也是综合能力的锻炼场。

二、实践性原则

商务英语实训课程的设计需遵循实践性原则，即注重实践训练环节，采用实践性教学模式，并融入真实工作案例。这一原则的核心在于通过实际操作经验的积累，加强学生对商务英语应用能力的掌握，确保他们能够在未来的工作中有效运用所学技能。

商务英语实训课程应设计一系列针对性的实践活动，如角色扮演、模拟谈判、商务会议等，让学生在模拟的商务环境中学以致用。通过这种方法，学生可以在安全的学习环境中尝试和错误，进而熟悉并掌握在实际商务交流中常见的语言表达和交流技巧。这种实践训练不仅帮助学生巩固语言知识，更重要的是提升其实际应用能力。采用实践性教学模式是实施这一原则的关键手段。这种教学模式强调"做中学"，教师的角色更多地转化为指导者和协助者，而非单纯的信息传递者。在这种模式下，课堂活动设计更加开放和灵活，鼓励学生主动探索和解决问题，例如通过任务型教学方法，让学生参与到真实的商务任务中，从项目策划到执行各个阶段，实际操作并反思学习过程中的每一步。通过引入真实的商务情境和案例，如国际贸易谈判、跨文化团队协作、市场营销策划等，学生能够更好地理解和分析在特定商务环境下的语言使用和交流策略。这种教学策略不仅使课程内容更加生动有趣，而且增强了学习的针对性和实用性，使学生能够将理论知识与实际商务操作有效结合。

三、任务驱动原则

在商务英语实训课程设计中，任务驱动原则强调以实际工作任务为导向，通过设置综合实操项目任务并模拟完成真实工作流程，以提升学生的语言应用能力和职业技能。这一原则将学习活动与实际工作环境紧密连接，确保学生通过完成具体任务来学习和实践商务英语。

任务驱动原则的核心是确保所有学习活动都紧密围绕实际工作任务展开。这种方法通过直接对接职场实际需求，使学生在学习过程中能够清晰地看到学习内容与未来职业活动之间的直接联系。在课程设计中，教师会先进行行业需求分析，了解目前商务领域中的关键任务需求，如客户沟通、项目管理、市场分析等，然后将这些任务转化为具体的学习目标和活动。为了更好地实施任务驱动原则，课程中会融入多个综合实操项目。这些项目设计为跨越整个学期或学习周期，涉及从项目启动到完成的全过程。例如，学生可能需要团队合作来设计一个新产品的市场进入策略，包括市场研究、竞争分析、营销计划书的撰写及最终的销售演讲。通过这样的综合项目，学生不仅需要使用商务英语进行沟通和呈现，还必须应用他们在课程中学到的商务理论和实践技能。在执行综合实操项目任务的过程中，学生将模拟真实的工作流程。这包括实际的项目管理过程，如制定时间表、分配任务、定期会议更新进展以及最终评估成果。此外，模拟活动也会涉及与真实工作环境中相似的压力和挑战，如严格的截止日期和复杂的团队动态问题。通过这种模拟，学生可以在一个相对安全的环境中学习如何应对真实世界中可能遇到的各种情况。

通过这种以任务为驱动的教学策略，商务英语实训课程能够更加有效地帮助学生将课堂学习与实际职业实践相结合。这不仅提高了学习的相关性和效果，也使学生更好地为进入复杂多变的商务环境做好准备。通过实际操作、团队合作和模拟实践，学生的商务英语能力以及职业技能将得到显著提升，为他们将来的职业生涯打下坚实的基础。

四、模块化原则

在商务英语实训课程设计中，模块化原则是一种高效的课程组织方式，它有助于系统地分配教学内容并优化学习过程。通过将课程内容分解为多个相互关联但独立的模块，学生可以更加专注和深入地掌握每一个部分的知识和技能。

按知识模块组织内容意味着将整个课程的理论和知识点按照逻辑和功能划分成不同的模块。每个模块围绕一个特定主题或一组相关概念进行深入讲解。例如，在商务英语实训课程中，可以设立如"国际贸易基础""商务文档撰写""商务会议沟通"等模块，每个模块聚焦于特定的知识领域。这种划分使学习内容更加有序，也便于学生逐步建立起完整的知识体系。在按技能模块设置训练时，教师需要根据不同的实用技能设计专门的训练活动。这些模块旨在提高学生在特定职业技能上的熟练度。例如，可以有针对性地设置"商务谈判技巧""演讲与展示"以及"跨文化交流"等技能训练模块。在这些模块中，学生通过参与模拟活动、角色扮演和实战练习等方式，实际操作并提升相应的技能。按综合项目模块实训是将前两者（知识和技能）综合应用到实际情景中的实践过程。在这一模块中，学生需要将他们学到的知识和技能综合运用于解决真实的商务问题。例如，可以设计一个模块，让学生完成从市场分析到产品推广的整个商务流程，包括策划、团队协作、执行和评估等环节。通过这种综合项目模块的实训，学生不仅能够在实际中应用所学，还能在解决复杂问题的过程中提升自己的综合能力。模块化原则的运用使得商务英语实训课程更加结构化和系统化，学生可以通过逐步的学习和实践，更有效地掌握必要的知识和技能。此外，这种方法还提高了教学的灵活性，使得教师可以根据学生的具体需要和进度灵活调整教学内容和深度。

五、层次递进原则

商务英语实训课程设计中的层次递进原则强调教学内容和技能训练应从简单到复杂，由浅入深地组织，以确保学生能够逐步建立和扩展其知识基础和技能应用。这种逐层深入的方法有助于学生在稳固掌握基础知识的同时，逐步挑战更高级的应用，最终达到综合运用所学的商务英语能力。

实训课程应从基本的语言结构和词汇开始，逐渐过渡到更为复杂的语言表达和专业术语的使用。初期，教学可以聚焦于基本的商务交流场景，如日常商务对话、简单的电子邮件写作等，这有助于学生建立信心并掌握基础。随后，随着课程的推进，逐渐引入更复杂的交流场景和商务文档，如商务报告撰写、正式演讲和复杂的谈判技巧等，逐步提高课程的难度和深度。在课程结构设计上，应当清晰区分基础模块和应用模块。基础模块着重于语言的基本使用规则、基本商务术语以及初级的交流技巧，旨在为学生打下坚实的语言基础。而应用模块则聚焦于将这些基础知识应用于实际的商务环境中，如通过模拟商务环境中的具体案例来训练学生解决问题的能力。这样的递进布局确保学生能在充分理解和掌握基础知识后，再进行更高层次的实践和应用。课程还应从训练学生的单项技能逐步过渡到培养学生的综合能力。初期，可以通过专门的练习来加强学生在特定技能上的熟练度，例如专门的听力训练、阅读理解练习、写作技巧提升等。随着课程的进展，应当引导学生将这些单独的技能综合运用到实际的商务场景中，进行更为复杂的多技能综合使用，如在项目管理、客户沟通或跨文化交际中同时运用听、说、读、写等多种技能。通过层次递进原则的实施，商务英语实训课程能够更有效地支持学生的学习进程，逐步提升他们的语言能力和职业技能。这种有序的学习路径不仅有助于学生逐步适应学习的挑战，也使他们在学习过程中更有成就感，从而激发持续学习的动力和兴趣。

六、开放灵活原则

在设计商务英语实训课程时，采纳开放灵活原则对于适应不同学习者的需求、提升学习效果以及保持课程内容的现实性和相关性至关重要。开放灵活原则体现在课程内容的开放性、教学组织形式的多样性，以及实训方式和方法的灵活性。这一原则不仅能够提升教学的效率和效果，还能使课程更能适应快速变化的商务环境和多样化的学生背景。首先，在商务英语实训中，课程内容应当保持开放和灵活，以便根据行业趋势、市场需求和学生反馈进行调整和更新。例如，随着国际商务环境的变化，新的交易规则、文化交流形式或技术工具的出现都可能影响商务沟通的方式。因此，课程内容需要不定期地进行更新，加入新的案例研究、最新的商务实践和技术应用，以保证学生能够学到最前沿的知识和技能。其次，教师可以根据学生的具体需求和兴趣，引入特定主题的深入讨论或特别模块，使课程更具个性化和针对性。开放灵活原则也意味着教学组织形式应多样化，以适应不同的教学目标和学习风格。这可以通过在线与面对面教学的混合模式、小组讨论、翻转课堂、工作坊、模拟活动、客座讲座等多种教学方法来实现。多样化的教学形式不仅能够增加学习的互动性和参与感，还能促使学生从不同的角度和通过不同的学习方式掌握商务英语的应用。例如，翻转课堂可以使学生在课外通过视频学习理论知识，而课堂时间则用来进行讨论和实际应用练习。最后，实训方式和方法应当具有高度的开放性和灵活性，以允许教师和学生共同探索最有效的学习路径。这包括允许学生在实训项目中自主选择研究主题、合作伙伴和完成方式，也包括教师根据学生的进展和反馈调整教学策略和活动。开放的实训方式鼓励学生主动学习，培养他们的创新思维和解决问题的能力。同时，教师可以引入行业专家进行实时的在线研讨会、利用虚拟现实技术进行沉浸式学习等，以提供更丰富、更接近真实商务环境的学习体验。

七、文化融入原则

在商务英语实训课程中，文化融入原则的实施至关重要，尤其是在全球化不断加深的今天，商务交往越来越多地跨越不同文化背景。文化融入原则不仅涉及将国情文化元素纳入课程内容中，还包括体现跨文化交际的实际内容，并通过这些内容提升学生的跨文化意识和能力。商务英语实训课程应当重视将各国的文化元素和具体国情融入教学中。这不仅包括语言表达中的文化差异，如礼貌用语、表达习惯等，还包括对各国商业文化的深入理解，如商业礼仪、谈判风格、决策过程等。通过引入这些文化元素，学生可以更全面地理解语言在实际使用中的文化背景，增强他们的实际应用能力。例如，课程中可以通过案例研究、真实的商务交流录像或模拟商务场景来展示不同文化背景下的商务互动，帮助学生理解和准备在多文化背景下的商务交流。为了有效提升学生的跨文化交际能力，课程设计需要明确体现跨文化交际的相关内容。这包括教授学生如何在保持自己文化身份的同时理解和尊重其他文化的差异，以及如何在跨文化环境中建立有效的沟通和协作。教学方法可以包括跨文化交际理论的讲解、跨文化情境的角色扮演活动、以及分析不同文化背景下的交际失误和成功案例等。这样的教学不仅帮助学生学到具体的沟通技巧，还能提升他们的文化敏感度和适应力。最终的目标是通过融入国情文化元素和体现跨文化交际内容来提升学生的跨文化意识和能力。这意味着学生能够识别并适应文化差异，运用这些知识来优化自己的商务交流和行为。为达到这一目标，教师可以组织多样化的活动，如多文化小组讨论、国际商务模拟会议、跨文化谈判演练等，以此来增强学生的实际操作和体验。此外，鼓励学生进行国际交流、参与国际商务实习等也是提升跨文化能力的有效方式。通过实施文化融入原则，商务英语实训课程能够帮助学生更好地理解和应对全球化商务环境中的文化挑战，为他们的国际商务职业生涯打下坚实的基础。这种教学方法强调了文化理解的重要性，使学生不仅学会了语言，更获得了全球视角和文化适应能力。

第二章　商务英语教学目标设定

第一节　商务英语学习者的特点分析

一、商务英语学习者的基本特征

在商务英语课程中，学习者的年龄特征深刻影响教学策略、课程设计以及学习动机。本书研究的商务英语学习者为大学生群体。他们通常处于18~23岁，正值青年期到早成年期的过渡阶段。

（一）认知发展

大学生处于人类认知发展的关键时期，认知能力发生显著的提高和变化。

1. 抽象思维能力大幅提升

著名心理学家皮亚杰将青年期阶段称为"形式运算思维期"，个体在这一时期开始能够运用逻辑推理，做出抽象概括，脱离具体事物进行思考。他们不再局限于感性认识，而是能够建立符号化和理论化的思维模式。这种高阶的抽象思维，为青年期个体掌握复杂理论知识，以及进行元认知思考奠定了基础。

2. 批判性思维日趋成熟

进入青年期后，个体不再轻易被权威性观点所左右，而是倾向于对已有的看法持怀疑态度。他们喜欢探讨、质疑、辩论，能够从不同角度分析问题。批判性思维使青年人在吸收新知识时更加理性和客观，有利于建立独立见解。一项关于大学生批判性思维发展的研究显示，接受良好教育训练后，大学生的批判思维能力明显提高。

3. 元认知意识初步形成

元认知是指个体对自身认知过程的认识和调节，在青年期阶段，这种自我调节能力开始产生。大学生能够意识到自身知识储备和学习策略的优缺点，有意识地调整和改进认知方式，学会管理自己的学习过程。研究发现，元认知策略训练可以显著提高大学生的学习效率和学习效果。

4. 创造力得以发展

创造力往往建基于丰富的知识基础和敏锐的洞察力，而青年期正是创造力发展的关键期。这个阶段的认知素质为创新思维的培养创造了条件。大学生能够打破思维定式，勇于挑战传统观念，善于结合已有知识产生新的见解和想法。一项针对大学生创新思维培养的研究表明，创新学习环境对大学生创造力的发展具有积极促进作用。

5. 认知灵活性增强

大学生的认知过程不再僵化和刚性，而是具有较强的灵活性，能够根据不同情境或问题做出调整。他们具有多元视角，善于整合信息形成连贯的认知框架。研究发现，经过专门训练后，大学生的认知灵活性可以得到显著提升，进而促进创新能力的发展。

大学生所处的这一阶段的认知特征对商务英语教学带来新的机遇和挑战。商务英语课程设计应当契合这一时期的认知发展特点，激发学习动机，引导学习策略，发展创新思维，培养多元文化视野，全面提升学习者的认知素质。通过贴合学习者的认知阶段，为其量身定制合理有效的课程目标、教学内容和教学活动，可以使教学事半功倍，实现高效教学。

（二）心理与情感发展

大学生不仅处于认知发展的关键时期，同时也正值心理和情感发展的重要阶段。这一时期的心理情感特征主要体现在以下五个方面。

第一，自我意识增强，追求独立自主。青年期是从依赖向独立自主过渡的时期。大学生开始意识到自我价值，渴望获得自主权和独立性。他们希望从父母和权威的影响中解脱出来，做出自己的选择和决定。强烈的自我意识驱使他们追求独立自主，在生活、学习和职业规划等方面寻求自我实现。

第二，身份认同成为核心需求。身份认同是青年期最主要的发展任务。大学生开始反思"我是谁""我将成为怎样的人"等根本问题，努力确立自我认同感。他们渴望被认同、被接纳、被尊重，容易受到外界评价的影响。缺乏身份认同会导致角色困惑和价值观混乱。因此，培养正面的自我认同对大学生至关重要。

第三，情绪波动大，容易产生焦虑和压力。青春期激素水平的变化，加之环境适应和压力等因素，使得大学生的情绪常常处于剧烈波动状态。他们容易出现焦虑、抑郁等负面情绪，压力管理能力较差。这种情绪波动不稳定会影响学习效果和人际交往。

第四，亲密关系需求增强。大学生期望建立亲密的人际关系，渴望被理解、被支持。他们开始关注异性关系，寻求恋爱和融入团体的机会。良好的人际关系不仅能满足大学生的情感需求，也有利于心理健康发展。

第五，高度关注社会责任和价值观建构。大学生开始思考人生的意义和价值，对社会公平正义问题有更高的关注度。他们渴望为社会做出贡献，建立起自己的价值观和人生理念。适当的社会实践有助于价值观的形成。

因此，商务英语教学应高度关注这一时期的心理情感需求，营造良好的情感支持环境，培养积极健康的心理品质，引导学生形成正确的价值观，促进全面健康发展。

（三）社会化需求

大学生除了在认知和心理情感层面有显著的发展特征外，在社会化需求方面也表现出一些鲜明的特点。

进入大学阶段，学生开始从家庭小环境转向社会大环境，他们渴望获得独立自主的社会地位和角色。大学生希望通过自己的努力奋斗获得社会认可，不再只是依附于家庭，而是以自己的方式在社会中找到立足之地。大学生阶段的年轻人开始意识到自身的社会价值，他们不再满足于简单被照顾，而是希望自己的声音被倾听，自己的贡献得到肯定。获得社会尊重是这一阶段的重要社会化需求，这会推动他们积极主动地去完成学业，努力实现自我价值。他们渴望建立广泛的社会关系网络，他们热衷于参加各种社团活动、公益项目等，希望通过这些途径结识新朋友，拓展自己的社交圈。良好的社会网络不仅能满足大学生的归属感需求，也有利于今后在社会上获得更多机会。

作为处于学习和就业转折期的群体，大学生对于培养职业技能和提高就业能力有着迫切的需求。他们希望掌握切实可行的专业知识和工作技能，以增强在未来职场中的竞争力。同时，大学生开始对社会问题产生浓厚的兴趣，他们期望了解更多社会动态，关注社会公平正义等议题。同时，他们也希望能为社会做出自己的贡献，体现个人的社会责任意识。参与志愿服务、社会实践等活动就是很好的渠道。

商务英语教学有必要契合这些社会化需求，设计相关教学内容和活动，培养学生的社会适应能力，为他们顺利完成学习和职场两个重大转折做好准备。

（四）对数字技术的熟练程度

大学生是数字时代成长起来的一代人，可被称为"数字化原住民"，他们几乎从出生就生活在数字技术环境中，对新兴技术拥有天然的亲和力和较高的使用能力。这一代人对数字技术的熟练程度主要体现在以下五个方面。

其一，作为数字化时代的原住民，大学生从小就习惯使用电脑、智能手机等数字设备上网、娱乐、学习和社交。他们对操作系统、办公软件、多媒体工具等信息技术应用相当熟悉，能够熟练运用各种工具高效完成任务。其二，大学生对新兴技术往往持开放和接纳态度，对人工智能、虚拟现实、增强现实等前沿技术充满好奇心。他们乐于探索新科技，愿意付费使用满足自身需求的应用和设备，对技术创新有着强烈的追随欲望。其三，网络无疑是大学生社交的主要场域。他们通过各种即时通信工具、社交媒体平台与朋友、家人保持联系。不仅如此，大学生还善于利用网络工具组建群组、发起话题讨论，在虚拟世界建立广泛的社交圈。其四，大学生擅长使用搜索引擎快速获取所需信息，能够从海量网络资源中准确筛选出有用的部分。大学生拥有较强的多任务处理能力，能够同时处理来自多个数字渠道的各种信息。其五，自媒体时代，大学生不仅是内容的消费者，也是内容的创作者和传播者。许多学生都热衷于用手机拍摄视频，并在视频网站、社交平台上传播和分享。图文、音视频等多种形式的自制内容遍布于网络。

商务英语教学应当充分利用大学生的这一优势，积极融入数字化元素，创新教学手段，提高数字化教学水平，以契合当代学生的学习方式和需求。

二、语言能力现状

在研究商务英语教学对象时，了解他们的语言能力现状是非常重要的。语言能力是指学习者运用语言进行有效交际的综合能力，主要包括英语技能水平、语言知识储备和语言学习经历三个方面。

（一）英语技能水平

英语技能水平是评估语言能力的重要依据，包括听、说、读、写四项基本技能。大学生群体的英语技能水平差异较大，总体水平处于中等偏上。由于多年英语学习训练，大多数学生能够掌握一定的听力理解和阅读理解技能，但较高难度语篇的理解能力仍需加强。受传统教学观念和方式影响，培养听说读写的机会较少，学生普遍缺乏口语训练和写作实践，自我表达能力有待提高。英语四项技能相互影响，需要综合运用，但学生往往分散掌握，在听说读写技能的协调和转换方面表现欠佳。

（二）语言知识储备

语言知识是语言技能运用的基础，主要包括语音、词汇、语法、语用等多个方面的知识。由于缺乏语音训练，学生普遍存在听音辨识、发音纠正等问题，影响了口语水平的提高。词汇量直接影响阅读和写作水平，大多数学生词汇储备仍过于生活化和通用，缺乏专业商务词汇积累。由于语法习题训练多年，学生对基础语法知识掌握相对系统，但高级语法运用仍需加强。语用知识培养不足。语用知识包括语境、修辞、文化内涵等，对提高交际水平至关重要，但在教学中往往被忽视。

（三）语言学习经历

学习者的语言学习经历会直接影响其语言能力发展。大学生群体的英语学习经历较为相似。长期接受应试教育模式，注重分数考试，忽视实际运用。学习动机和内驱力不足。课堂教学单一乏味，缺乏趣味性和参与度。师生互动有限，学生处于被动状态。语言输入过于系统化，缺乏真实语境和语用情景，无法培养语感和交际能力。评估方式单一，过分注重客观测试分数，缺少形成性评价和过程性评价。教学观念相对陈旧，缺乏个性化和差异化辅导，无法激发学生的主观能动性。

总的来说，大学生群体的语言能力现状并不乐观，语言技能和知识储备均有待提高，而这很大程度上源于长期以来英语学习的传统经历。因此，在商务英语教学中，应当重视培养学生的整体语言能力，将语言知识和运用有机结合，加强语用能力的培养。同时创新教学理念和方法，提高教学效率，激发学习动机，培养学习者主体地位，逐步改变学生被动应付的学习状态，构建以学生为中心的全新教学模式。

三、商务英语学习者的学习特点

（一）学习动机

作为大学生群体，商务英语学习者的学习动机呈现出多元化和多层次的特点。

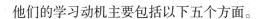

他们的学习动机主要包括以下五个方面。

1. 工具性动机

工具性动机是指为了达成某种特定目的而学习语言的动机。对于很多商务英语学习者而言，掌握英语是为了将来找到一份好的工作，尤其是在外资企业或涉外公司就职。良好的商务英语水平无疑会为职业发展带来更多选择和机会。此外，一部分学生学习商务英语也是为了通过相关考试获取证书，例如 BEC 等，以便将来找工作时更具竞争力。

2. 兴趣动机

兴趣动机来源于对商务英语本身的喜爱。一些对国际经贸、商务管理、市场营销等领域感兴趣的学生，会主动选修商务英语提升相关知识和技能。他们对商务英语的学习持有浓厚的兴趣，愿意投入更多精力。兴趣是最好的老师，有助于保持学习热情和持久动力。

3. 文化整合动机

随着经济全球化的深入发展，商务活动日益国际化。学习商务英语不仅是语言交流的需要，也是对不同商业文化理解和整合的需求。一些有志于从事外贸、金融、咨询等跨国行业的学生，有意通过商务英语学习了解西方商务文化，缩短文化差异。

4. 认同动机

大学生正处于自我意识逐渐增强、寻求自我实现的阶段。一些热爱商务事业、立志成为职场精英的学生，将商务英语视为体现自我身份的重要途径。掌握良好的商务英语能力不仅是实用技能，也是专业人士的重要标志，是对其自我角色认同的体现。

5. 发展性动机

许多有志于从商的学生将商务英语视为今后职业发展的基础，具有长远的职业规划和发展考虑。无论未来是创业开公司、在企业任高管、还是自由职业者，优秀的商务英语素质都将为事业发展带来助益。因此，出于职业生涯发展的需求，他们会主动培养商务英语能力。

总之，商务英语学习者的学习动机呈多元化态势，这些动机相互影响、相互促进，共同推动学习者投入商务英语学习。正是由于这种内在需求和外在需求的双重作用，商务英语课程才得以在大学生中广受欢迎。在教学过程中，有必要更多关注和强化这些积极的学习动机，从而进一步提高学习效率和效果。

（二）学习习惯

学习习惯是指学习者在长期学习实践中逐渐形成的一种学习方式和行为模式，往往会直接影响学习效果。作为成人学习者，大学生商务英语学习者在学习习惯方面表现出以下六个显著特点。

1. 自主学习意识增强

与中学阶段相比，大学生的自主学习意识有了明显增强。他们不再完全依赖教师的安排和指导，而是能够根据自身情况制订学习计划、选择学习资源、运用学习策略。自主学习能力的提高有利于发挥主观能动性，培养终身学习的习惯。

2. 学习方式多元化

传统学习方式单一，常常枯燥乏味。而当代大学生则喜欢尝试多种学习方式，如线上线下相结合、理论实践并重、个人学习与协作学习并举等。他们善于利用新兴数字技术辅助学习，增强学习的趣味性。

3. 碎片化学习时间分布

由于课业负担重、社交娱乐活动多，大学生的学习时间往往呈现碎片化特征，很少有精力持续高度专注。他们习惯将学习分散在一天中的多个时间段，采取间隔学习和重复记忆的方式。

4. 活动导向型学习偏好

传统课堂教学过于单向输入，缺乏互动性。大学生更喜欢参与式、活动导向型的学习方式，如小组讨论、案例分析、模拟实践、游戏化学习等，有利于提高参与度和获得感。

5. 注重实用性和应用价值

作为成人学习者，大学生更加关注知识的实用性和应用价值。在商务英语学习中，他们期望所学内容切合职场现实需求，能够将所学知识技能直接运用于将来的工作岗位。

6. 个体差异较大

不同大学生在学习动机、认知风格、学习策略等方面存在显著的个体差异，很难用统一的教学模式满足所有学生。因此有必要采取差异化教学，根据学习者特点量身定制学习内容和方式。

了解这些学习习惯特征，并加以正确引导，将有助于教师优化教学设计，创造高效的学习环境，使教学真正契合学习者的实际需求和偏好，从而取得更好的教学效果。

（三）学习方式

当代大学生作为商务英语学习的主体，他们的学习方式正经历着深刻的转变和创新。传统的课堂教学模式已经难以完全适应新时期学习者的需求，大学生在学习商务英语的过程中，表现出了许多与过去迥然不同的新特点。

其一，线上学习日益普及，成为重要的学习补充。大学生习惯运用各种数字化学习工具，利用网络资源和虚拟空间随时随地进行自主学习，使知识获取和交流更加高效便捷。其二，合作学习渐受青睐。大学生乐于通过小组讨论、项目合作等方式与同伴互动交流，发挥集体智慧。协作式学习不仅有利于加深对知识的理解运用，更能培养团队合作精神。其三，情景体验式学习备受欢迎。大学生渴望在真实或模拟情境中学习，体验知识应用过程。他们喜欢通过模拟商务活动，将所学知识技能真实运用于实践场景之中，从而加深印象，培养实战能力。其四，跨界融合式学习方式日益增多。由于商务英语具有综合性和专业性，需要融合其他学科知识。大学生会将商务、管理、经济、法律、文化等多方面知识相互整合运用于商务英语的学习之中。其五，个性化自主学习逐渐兴起。标准化的集体授课模式接受度略有下降，大学生更青睐根据自身特点和需求进行个性化自主学习，选择个性化的学习路径、进度和资源。其六，评估方式也呈现出多元化趋势。除传统标准化考试外，如今的评估方式更加多元，包括案例分析报告、学习作品集、同伴互评等，这促使学习方式向更加综合化和实践化的方向发展。

可以看出，当代大学生商务英语学习者的学习方式更加现代化、协作化、体验化、融合化、个性化和多元化，与传统单一的课堂授课模式有着明显区别。适应和满足这种新型学习方式，将是未来商务英语教育改革创新的重要内容，以提高教学的针对性、实效性和吸引力。

四、商务英语学习者的情感和态度

情感和态度是影响语言学习效果的重要因素。作为具有特定职业取向的成人学习者群体，大学生商务英语学习者在学习热情、自我效能感和职业认同感等方面呈现出一些显著的特点，值得我们予以关注和分析。

（一）学习热情

总的来说，大学生商务英语学习者的学习热情可谓是旺盛的。这主要源于他们对未来职业发展前景的向往和对商务英语实用价值的认知。大多数学习者深知商务英语是其今后从事工作的基本技能，是步入职场、融入商界的通行证。他们能够清晰地看到，掌握优秀的商务英语素养将为个人职业生涯带来更多发展空间和机遇。基于这种职业发展的现实需求和期望，他们在学习商务英语时表现出了较高的学习热情和渴望。当代大学生天生具有较强的好奇心和求知欲。商务英语作为新兴热门学科，课程内容贴近潮流，涉及商业前沿领域，受到学习者的普遍推崇。这种全新的、实用的、具有挑战性的学习体验，很大程度上激发了他们的学习兴趣和主动性。

可以说，前景远大和内容新颖是推动大学生保持高涨学习热情的两大动力。与此同时，合理的课程设置、灵活的教学方式、有趣的情景模拟练习等，也为学习者营造了良好的教学环境，增强了学习体验，进一步巩固了他们的学习热情。

（二）自我效能感

自我效能感是指个体对自身能力的主观判断和自信程度。大学生商务英语学习者在这方面表现较为不俗，自我效能感总体上处于中上水平。从总体上看，大学生具有较强的自信心和责任意识。他们渴望证明自己的能力，追求自我价值实现。因此，在商务英语学习中，他们会树立高远目标，努力挑战自我。与此同时，大学生处于年轻有为的上升时期，精力充沛、求知欲旺盛、乐于尝试，具有强烈的自我实现动机。他们充满斗志，对自身的学习潜力和发展前景充满信心。

从客观因素看，大学生在接受多年英语教育之后，掌握了一定的语言知识和技能储备。而商务英语又是建立在普通英语基础之上的专门用途语种，学习者可以在已有基础上持续积累，自我效能感自然会得以增强。

不过，部分学生由于学习环境、个人性格等差异，自我效能感略显不足。他们存在一定的学习焦虑，对自身能力缺乏充分信心，需要教师给予及时的鼓励和引导。通过分阶段树立合理目标、量力而行、循序渐进地学习，他们的自我效能感也必将得到提升。

（三）职业认同感

作为一门高度职业化和专业化的语种，商务英语与大学生未来的工作和职业发展密切相关。因此，当代大学生商务英语学习者普遍具有较强的职业认同感。

　　大学生已经逐步走出校园，开始思考人生发展方向，商务职业成了许多人的理想选择。无论是从事金融、贸易、营销等传统商务领域，还是创业创新、自由职业，商务能力都是求职和发展所必备的核心竞争力之一。因此，大量有意从商的学习者会主动学习商务英语，以期掌握商务技能，融入商务文化，从而加深对商务职业的认同感。商务英语本身的专业性和实用性也为学习者职业认同感的形成奠定了基础。与一般英语不同，商务英语课程内容直接服务于商业活动需求，体现了商务工作的真实样貌，让学生对商务职业有了更加直观和全面的认知，从而加深了对这一职业的认同程度。

　　商务英语学习过程中的模拟实践活动也有助于增强学习者的职业认同。通过模拟商贸、营销、管理、金融等真实场景，学习者将所学知识运用到实战之中，提前感受和体验商务岗位工作，这种身临其境的体验使他们对商务职业有了更加深刻的理解和认同。

　　当然，个体之间存在一定差异。一些具备创业志向或专业意识的学习者，往往对商务职业认同度更高，学习动力和热情也就更足；而缺乏职业规划的学生，则体现出一定的职业认同感不足。总的来说，当代大学生商务英语学习者群体中，拥有较强商务职业认同感的比例占据主导。

　　综上所述，学习热情、自我效能感和职业认同感，是影响当代大学生商务英语学习效果的重要情感和态度因素。高涨的学习热情是学习动力的源泉，乐观的自我效能感是坚持的基石，而浓厚的职业认同感则是学习的目标追求。教师有必要重视并培育这些积极情感和态度，为高效的商务英语教学奠定坚实的情感基础。

第二节　商务英语实训课程目标的确定与量化

一、实训课程目标确定的原则

　　科学合理地确定并量化实训课程目标，是开设高质量商务英语实训课程的前提和基础。实训课程目标的设定需要遵循一定原则，全面考虑多方面因素，才能保证其切实可行、行之有效。

（一）与专业培养目标相一致

　　商务英语实训课程作为专业人才培养的重要组成部分，其课程目标的设定首先需要与整体专业培养目标保持高度一致性。培养目标是人才培养的总方针，是课程设置的根本依据和出发点。专业人才培养目标通常由高校人才培养方案或专业教学计划明确阐述，体现了对相关专业人才应具备的知识、能力和素质等方面的基本要求。例如，国际经济与贸易、工商管理等专业的培养目标，就会强调要培养具备扎实理论基础、熟练外语应用能力、良好跨文化交际能力的国际化复合型人才。因此，在制定商务英语实训课程目标时，教师需要首先深入研究所在专业的培养定位和要求，并努力使两者保持高度契合。否则，课程目标与培养目标脱节，就可能导致课程学习内容和教学设计存在偏差，无法达成人才培养的终极目的。

（二）针对学习者实际需求

商务英语作为一门应用型语种，其根本任务是培养学习者将来从事国际商务工作的能力。因此，在确定实训课程目标时，必须高度重视并充分体现学习者的实际学习需求。

学习者需求包括两个层面：一是对未来职业发展的期望和要求；二是目前在课程学习中的实际需求。教师不能单凭个人设想或经验判断来确定目标，而必须深入调查研究学习者的学习需求，并在此基础上对其加以系统分析，找出最核心和迫切的需求点，作为课程目标设计的重点内容。例如，根据对学习者未来职业规划和就业意向的调研，一些学生期望将来从事外贸工作，那么实训目标中可增加外贸英语的培训内容；如果部分学习者对跨文化交际能力的培养需求强烈，也应相应增设相关的交际技能训练等。只有切合需求，教学目标才更有针对性和实效性。

（三）符合商务英语应用场景

商务英语的特点就是应用性和实用性很强。因此，在确定实训课程目标时，一定要紧密联系商务实际，体现商务英语在各类真实商务场景中的应用要求。

商务英语在多个领域都有广泛应用，如商贸、金融、营销、管理、会展等诸多商务活动都需要运用商务英语进行沟通。每个领域又包括众多具体的应用场景，比如贸易领域就包括订单、合同、函电、报价、磋商、洽谈、会议等各类实际场景。

实训课程目标的设计就需要充分考虑这些实践需求，系统梳理不同场景下学习者应该掌握的知识技能。在培养能力方面，应重点突出写作、口语交际、跨文化理解、谈判能力、会议能力等核心商务技能的训练目标。在培养知识方面，除

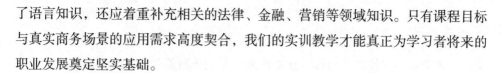

了语言知识，还应着重补充相关的法律、金融、营销等领域知识。只有课程目标与真实商务场景的应用需求高度契合，我们的实训教学才能真正为学习者将来的职业发展奠定坚实基础。

（四）体现课程内容统整性

实训课程目标的设定应该以系统全面的视角，体现内容和目标之间的整体统整性和系统性。不同目标之间、不同学习领域之间都要有内在的协调和联系，构成一个相互关联、层次分明的有机整体。

首先，实训内容各领域的目标要有合理分工，避免相互重复和冲突。例如，口语和写作目标不能简单重复，而应划分重点内容；商贸写作可着重于函电和合同，而金融写作侧重于报告和分析等。其次，各项目标之间要有合理衔接，知识和技能训练应形成递进关系，循序渐进地培养学习者的商务英语综合素质。最后，不同层次目标之间要相互协调。可将目标分解为总目标和分目标，分目标要合理细化总目标，支撑总目标的达成。最后，还要注重目标整体性，紧扣培养应用型复合人才的根本宗旨。所有目标的实现都应该共同致力于提高学习者将来运用商务英语解决实际问题的能力，而非孤立地追求某种单一技能的发展。因此，各项目标应统筹规划，有机融合，相互渗透和补充，形成体系化的课程目标系统。

商务英语实训课程目标的确定是一项复杂的系统工程，需要遵循培养目标一致性、需求匹配性、应用契合性和统整性等原则，在科学研究的基础上，全面考虑各方面因素，方能够制定出切实可行、行之有效的实训目标，为后续教学设计和实施奠定根本基础。

二、商务英语实训课语言技能培养目标

语言技能培养是商务英语实训课程的核心内容，听说读写四大语言技能是实训目标体系中最基础但也最关键的部分。科学合理地确定和量化语言技能培养目标，将为实训教学的顺利开展提供坚实基础。

（一）听力技能目标

商务英语听力是学习者在国际商务活动中获取信息的基本技能。良好的商务英语听力有助于充分理解交易对手、同事或客户的观点主张，把握需求诉求，确保沟通顺畅。因此，商务英语实训课程需要系统设置听力技能培养目标，使学习者健全听力技能，胜任将来商务工作的听力理解需求。

总体目标是培养学习者对商务领域各类话语风格和表达方式的听力理解能力，包括正式会议演讲、非正式工作讨论、商务对话以及新闻报道等。针对不同场景，可分解出具体的分目标。比如培养对跨文化商务会议、谈判磋商、产品营销推介等不同语境话语的听力理解能力；提高对不同口音、语速、话题专业程度的听力理解能力等。

在技能要求层面，需要着重培养学习者从语音、词汇、语法、篇章结构等多个层面，全面理解话语内容以及说话目的、情感态度等含义的能力。不同种类听力材料也会影响目标设置。教材则需要为学生提供多视角、全方位的听力训练资源，包括各类真实录音和视频，以及针对特殊需求设计的模拟练习材料等。

还需设置针对性的量化指标作为目标考核的依据，例如在一定时间内对话题内容理解准确率、复杂句型理解准确率等，明确具体的技能要求，以利于检测评估实训目标达成情况。

（二）口语技能目标

口语技能是商务人员工作中不可或缺的核心技能，其培养目标在商务英语实训课程中同样十分重要和迫切。总的目标是使学习者在各类商务会话中能熟练运用英语进行有效沟通、表达观点、解决实际问题。

首先，需培养学习者在不同场景进行口语交际的能力，包括正式会议、非正式商谈、庭审律师陈词、项目资金申请、产品营销推介等多种场景交际技能。其次，需要量化技能要求。比如要求在特定时间内能流利阐述观点而不出现长时间停顿；要求交际双方在一定轮次内能对话题深入交换意见而不偏离话题核心；要求在 3 分钟内能概括总结对方观点要点等。再次，还要培养多种重要交际技能，如主持和参与会议讨论、应对异议和挑战、中断他人礼貌提问、使用专业词汇和行话进行专业论述、运用修辞技巧增强说服力等。最后，还需训练各类重要口语功能，如解释、描述、比较、归纳、总结、分析、演示等，将其与特定口语场景结合，使学习者掌握如何在特定语境中使用这些功能。

除了口语流利，实训还需重视纠正发音和语音语调等方面的口语技巧，提高语音可理解度和交际效率。通过真实模拟实战演练，将以上所有技能训练要求整合应用，锻炼学习者在商务活动中综合运用英语进行人际交往的能力。

（三）阅读技能目标

阅读是商务英语学习的基础技能，其目标是培养学习者熟练读懂商务文体材

料，获取所需信息。实训课程阅读目标需涵盖不同类型文本的阅读能力培养。

对一般性阅读文体的阅读训练，如新闻报道、期刊杂志文章等，重点提高阅读速度、理解主旨要点、把握文章结构层次等能力。对商务文书文体的阅读训练，着重提高阅读公文、信函、报告、合同等商务文件的能力，准确理解语义信息，掌握专业词汇表达和修辞方式。针对说明手册、产品目录、广告语等说明性文本的阅读训练，理解线索和图示，把握层次关系。还需训练对高级阅读材料的理解能力，如论文、学术报告等，提高对复杂句式结构、鲜有词汇、专业理论的阅读理解能力。还要培养分析、评价、批判性阅读的能力，了解文章观点倾向、基本论据、分析逻辑等，而不只是表面阅读。

在技能量化上，可设置阅读理解准确率、词汇理解率、阅读速度、信息查找速度等具体目标指标。或通过设置阅读任务，考查是否能精准完成目标导向型阅读。

（四）写作技能目标

写作技能是商务英语实训课程重点培养的核心技能之一。优秀的商务英语写作能力对于高效开展各项商务活动至关重要，因此实训课程务必科学制定切实可行的写作技能培养目标。写作技能培养的总体目标是培养学生熟练掌握商务英语写作的基本格式和语言特征，能用地道、专业的英语撰写各类商务文书。教师需要系统设置不同文体写作技能的培养目标，包括商业信函、报告、合同、会议记录、产品手册、新闻稿、广告语等。

根据写作文体的不同，需要分解出具体的分目标。如商业信函写作，需重点培养使用正式商务语体、采用固定格式、简明扼要、富于关联性的写作技能。而商务报告写作又应侧重论证层次分明、数据陈述严谨、措辞得体等方面。还需培养特定语用功能写作能力。比如描述、解释、建议、总结、分析、评论等功能的运用能力，这些都是商务英语写作的通用技能。同时也要注重特殊功能的训练，如写作游说性语言、使用营销策略等。此外，写作技能培养还应渗透语言知识、跨文化理解、格式规范等各方面综合内容，如了解母语文化与英语文化表达差异，掌握写作修辞技巧，使用恰当专业术语词汇等。在技能量化方面，可从写作词汇运用、语法结构准确性、逻辑连贯性、格式完整性、文体恰切性等多个维度设置具体指标。比如要求写作中一级语法错误不超过三处，行文结构层次分明，格式规范完备等。最后通过情景模拟实战演练，将各项写作技能有机整合，全面锻炼学习者在真实商务场景下应用写作技能解决实际问题的综合能力。

商务英语实训写作技能目标需全面、系统、具体，既注重基础写作格式语言能力，又重视实用性写作技能培养，力求通过理论实践一体化教学，使学习者全面掌握商务英语高水平写作能力。

（五）翻译技能目标

翻译作为语言应用的高级技能，对于商务英语实训课程来说也是不可或缺的重要目标内容。学习者将来在职场中经常需要运用翻译技能，将双语文本互译，或翻译同传重要场合交流，因此必须在课程中制定合理的翻译技能培养目标。

商务英语实训课程翻译技能的总体目标是培养学习者具备中英、英中双向口笔译技能，能熟练运用专业术语和表达，准确理解语义信息，做到信达雅。基本要求是翻译流利、无重大语义偏差或漏译。可根据不同译体分解出具体目标，如新闻报道、商贸函电、会议记录、产品说明的翻译能力；同声传译能力培养也是重点。培养学习者运用不同翻译策略和技巧的能力，如借助上下文语境理解隐含意思，掌握专业领域语篇特点进行归化翻译，运用增删译法保证意思通顺等。也要注重相关的语言知识、跨文化意识培养，如了解两种语言修辞习惯差异，掌握自然语言对等表达，理解语用文化差异等。培养目标中还需设置相应的技能量化指标，如一定时长内笔译准确率、口译流利程度、术语译出正确率等，为实训效果评估提供具体标准。能够通过情景模拟实战演练，将各项目标有机整合，全面锻炼学习者将所学知识技能综合运用于真实商务场景的实践能力。

无论是笔译、口译还是同声传译，对于商务英语学习者来说，翻译都是一项重要且综合性强的实用技能。合理设置的翻译实训目标，可以全面提升学习者的语言应用能力，确保将来在国际化商务环境中能够自如畅通的开展双语工作。

三、相关能力培养目标

语言技能只是商务英语实训课程培养目标的一个层面，此外，跨文化交际能力、职业素养能力以及思维能力等也都是现代国际化商务人才必备的关键能力，需要在实训课程中系统设置相应的培养目标。

（一）跨文化交际能力

跨文化交际是商务活动中不可回避的常态，因此提升学习者的跨文化交际能力是商务英语实训的重中之重。培养目标应当体现国际视野、文化理解力和交际技巧等方面的需求。

实训课程需培养学习者的全球视野和国际意识，了解不同国家和地区的历史文化、社会制度、价值观念等，形成开放包容的国际视野。需提高学习者对不同文化的理解认知水平，掌握不同文化背景下语言习惯和交际模式的差异，培养文化敏感性，能从本土视角审视并正确领会其他文化现象。需培养学习者跨文化交际的实践技能，如尊重、包容差异，用同理心看问题，通过互信沟通消除隔阂，用得体方式表达观点等。此外还需注重培养情商、自我意识、同情心、批判性思维等人文素养，这些都是成功交际的基石。在考核上，可设置文化常识测试、跨文化理解度评估、情景模拟实操演练等多种手段，检验学习者理论知识和实践能力。总之，跨文化交际能力培养贯穿商务英语实训始终，不只是语言技能训练，更要着眼于培养学习者成为具有全球意识、文化驾驭力和人文底蕴的国际化复合型人才。

（二）职业素养能力

除了专业知识技能，还需重视培养学习者的职业操守和综合职业素养，这是成为一名合格商务人员的基本要求。

实训课程需培养学习者的职业道德素养，如诚实守信、恪尽职守、同理心、责任意识等，这些都是核心价值观，是事业成功的保证。培养学习者的沟通协作能力。商务工作高度重视团队合作，需要高效协同、解决分歧、达成共识的能力。培养学习者的组织管理能力。商务活动环节复杂，需要科学规划、分工协调、资源整合、时间管控等综合能力。还需培养创新精神、解决问题能力等。在不断变化的商务环境中，需要不断学习适应、创新思维的驱动力。

职业素养能力目标不但体现在课堂教学内容设置上，更需要贯穿始终的实战演练环节，让学习者在模拟实操中体验、训练、内化这些核心素养。同时可借助职业导师、职场实训等多种方式，为学习者提供更多职业体验和训练机会，从而全面夯实相关职业素养。

（三）思维能力培养

在信息时代，思维能力的重要性日益凸显，成为商务人员不可或缺的核心竞争力之一。因此商务英语实训课程应将其列为一项重点培养目标。

首先，实训课程需培养学习者的批判性思维能力。商务话语中常常蕴含潜在观点和立场，需要学会辨析、质疑、评判和反思隐含信息。其次，培养创新思维能力。创新是商务活动不断推进的驱动力，需要打破固有思维定式，运用多元化思维方式解决问题。再次，培养逻辑思维能力。清晰的逻辑分析是有序沟通和论证的基石，需严谨训练分析归纳、演绎推理、建立框架等逻辑思维方式。最后，系统思维能力也不可或缺。当今商业活动纷繁复杂，需要全局观念、系统分析问题、把握重点难点的能力。思维能力培养应贯穿教学全过程，并在各种实战演练中落实。同时也需要设计一些专门的思维训练课程，有意识、循序渐进地培养学习者的思维素养。

当代商务人才除了扎实的专业知识和语言技能，更需要全面的思维能力作为支撑。唯有将这些目标落到实处，才能培养出具备新时代所需综合素质的国际化商务英语人才。

四、商务英语实训课程目标的量化与评估

（一）制定量化指标体系

商务英语实训课程的目标是培养学生的商务交流技能，增强其在真实商务环境中的应用能力。为了确保课程效果的科学性和实际应用的有效性，需要制定一套详细的量化指标体系，以便准确评估学生的学习成效和课程质量。这个体系将围绕学生的语言能力、商务知识掌握、实际应用能力以及综合素质四个核心方面展开。

对于语言能力的量化，可以从听说读写四个方面来设置评估指标。例如，听力方面可以通过模拟商务会议的听写和理解测试来评估，说的部分可以通过模拟商务谈判或演讲的表现来衡量，读的部分则通过分析商务报告或合同的能力来评估，写作能力则通过商务邮件、提案书等实际商务文件的编写质量来评估。这些测试不仅要注重语言的准确性，还应考虑到语言的商务专业性和场景适应性。

在商务知识方面，需要设计包括基础商务理论、市场营销、国际贸易规则、商务伦理等方面的测试。这些测试可以通过闭卷考试、案例分析和在线测验等多种形式进行。通过这些评估，可以确保学生不仅掌握理论知识，而且能够理解其在实际商务操作中的应用。

实际应用能力的评估，可以通过组织学生参与模拟的商务项目，如模拟企业的市场调研、产品推广、国际谈判、危机管理等，来进行评估。在这些活动中，学生需要运用他们的语言能力和商务知识来解决实际问题。评估的指标包括项目

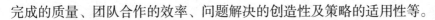

完成的质量、团队合作的效率、问题解决的创造性及策略的适用性等。

综合素质的评估应包括学生的领导力、团队精神、自我管理能力及跨文化交流能力。这些可以通过团队项目的领导角色表现、同伴评价、自我反思报告以及参与国际交流和合作项目的表现来量化。这些指标帮助我们从多角度评估学生的综合商务素养。

为了实现这些量化评估，每一项指标都应有相应的评分标准和评分细则，确保评分的公正性和一致性。此外，除了定量的评分，教师的观察和学生的自我评估也是重要的补充，可以提供更多关于学生在非正式环境中表现的信息。通过建立这样一套量化指标体系，商务英语实训课程不仅能够全面、系统地评估学生的学习成果，还能及时调整教学策略，以适应学生的学习需求和市场的变化。这不仅有助于提高学生的实际应用能力，也能够有效地提升教学的质量和效果。

（二）设计多元评估方式

在商务英语实训课程中，采用多元评估方式是确保学生全面发展、多维度掌握商务英语技能的关键。多元评估方法可以更好地反映学生的实际能力，避免单一评估方式带来的局限性。以下是五种有效的多元评估方法的设计思路。

1. 持续性评估

通过观察学生在课堂上的积极参与情况，如主动发言、小组讨论中的互动等，来评估其商务交流能力和团队合作精神。定期布置与商务相关的作业和项目，如市场调研报告、商务计划书等，通过这些持续的作业来评估学生的学习进度和实际应用能力。

2. 总结性评估

设计涵盖课程主要内容的书面考试，评估学生对商务英语理论知识的掌握。要求学生在课程结束时提交一个综合性的商务项目，如完整的商业计划书或国际贸易方案，以此来综合评估学生的学术和实际工作能力。

3. 互动性评估

在小组项目中引入同伴评价机制，让学生互评团队成员的贡献和工作表现，以此来提高团队合作的效率和质量。组织模拟商务谈判、客户沟通等情景，让学生在模拟环境中扮演不同的商务角色，通过这种实际操作来评估学生的语言应用能力和问题解决技巧。

4. 反思性评估

鼓励学生写学习日志和周期性的反思报告，让他们回顾自己的学习过程、挑战和成长，以此来培养自我评价和终身学习的能力。让学生在课程的不同阶段进行自我评估，以便他们能够自我识别在商务英语应用中的强项和弱点。

5. 技术支持的评估

利用在线平台进行语言能力和商务知识的测试，例如通过模拟软件来进行商务写作或口语的即时评估。在课堂讲解中使用电子投票系统来进行即问即答，既可以提升学生的参与度，也便于教师即时获取学生的理解情况和反馈。

通过上述多元评估方式的设计，商务英语实训课程能够更全面地覆盖学生的学习需求，不仅考察其理论知识的掌握，更重要的是评估其实际应用能力、团队协作和问题解决能力。这样的评估方式有助于培养学生成为能够适应未来商务环境的复合型人才。

第三节   商务英语教学目标与任务型教学的结合

一、教学目标与任务设计的衔接

（一）任务设计与目标对应

在商务英语教学中，将教学目标与任务设计紧密结合是提高教学效果的关键之一。通过合理的任务设计，可以更好地达到教学目标，激发学生的学习兴趣，培养他们的语言运用能力和实际应用能力。

1. 明确教学目标

在商务英语教学中，教学目标通常包括语言技能的提升、商务知识的掌握以及跨文化交际能力的培养等方面。具体来说，教学目标可能涉及商务口语表达能力的提高、商务写作能力的培养、商务阅读和听力理解能力的加强，以及商务文化背景的了解等。

2. 任务设计与目标对应

（1）口语表达任务：教学目标为提高学生的口语表达能力，任务设计可以包括商务会话模拟、商务演讲或商务谈判等，要求学生在特定的商务场景中运用所学知识进行交流。例如，安排学生分角色扮演不同商务场景下的对话，如客户咨询、产品推销等，以培养他们在实际工作中的沟通能力。

（2）写作任务：目标是培养学生的商务写作能力，任务可以是商务邮件的撰写、商务报告的编写等。通过给定特定的商务情景和写作要求，要求学生撰写邮件、报告或提案，锻炼他们的书面表达能力和逻辑思维能力。例如，要求学生根据某个商务案例撰写报告，提出解决问题的方案，并用专业术语进行描述，以培养他们的分析和解决问题的能力。

（3）阅读和听力理解任务：教学目标在于提高学生的商务阅读和听力理解能力，任务设计可以包括商务文档阅读、商务讲座听力等。通过选择真实的商务文档或商务讲座录音，要求学生进行阅读和听力理解，并完成相应的任务，如回答问题、总结要点等，以提升他们的信息获取和理解能力。

（4）跨文化交际任务：目标是培养学生的跨文化交际能力，任务设计可以是跨文化沟通模拟、跨文化项目合作等。通过设置跨文化交流场景，让学生在与外国客户或合作伙伴的交流中体验不同文化背景下的沟通与挑战，提高他们的跨文化适应能力和交际技巧。

3. 任务设计的关键要素

（1）任务设计应尽可能贴近真实的商务场景，让学生感受到语言运用的实际需求，激发他们的学习兴趣和动力。

（2）任务设计应设置具体的情境和任务要求，让学生在情境中完成任务，以提高他们的语言应用能力和解决问题的能力。

（3）任务设计应促进学生之间的互动和合作，让他们在交流中相互学习、相互帮助，提高他们的交际能力和团队合作精神。

（4）任务设计应考虑到学生的个体差异，灵活设置任务内容和要求，满足不同学生的学习需求，提高教学效果。

通过合理的任务设计，商务英语教学可以更好地实现教学目标，提高学生的语言运用能力和实际应用能力，培养他们成为具有国际竞争力的商务人才。因此，在商务英语教学中，教学目标与任务设计的衔接至关重要，需要教师根据具体情况设计合适的任务，引导学生积极参与学习，实现教学目标。

（二）循序渐进的目标实现

在商务英语教学中，循序渐进的目标实现是确保学生能够逐步掌握并应用商务英语知识和技能的重要方法之一。通过逐步设定并实现目标，可以使学生在学习过程中逐步建立自信，提高学习动力，并最终达到教学的整体目标。

1. 设定阶段性目标

在商务英语教学中，可以根据学生的起点水平和学习需求，设定不同阶段的学习目标。例如，初级阶段的目标可以是基本商务用语的掌握和简单商务交流能力的培养，中级阶段的目标可以是商务阅读和写作能力的提升，高级阶段的目标可以是商务谈判和跨文化交际能力的培养。通过分阶段设定目标，可以使学生逐步提升自己的商务英语能力，实现循序渐进的学习过程。

2. 逐步拓展知识面

在实现阶段性目标的过程中，可以逐步拓展学生的知识面，引导他们掌握更广泛、更深入的商务英语知识。例如，在初级阶段，可以重点教授基本的商务用语和常用商务场景下的表达方式；在中级阶段，可以引导学生学习商务报告的写作技巧和商务文件的阅读方法；在高级阶段，可以培养学生进行商务谈判和商务会议的能力，并介绍跨文化交际的相关知识。通过逐步拓展知识面，使学生逐步建立起完整的商务英语知识体系，为实现整体目标打下坚实的基础。

3. 循序渐进地提高语言技能

商务英语教学不仅要求学生掌握丰富的商务英语知识，还需要提高他们的语言技能，包括听、说、读、写等方面。在实现阶段性目标的过程中，可以循序渐进地培养学生的语言技能，逐步提高他们的语言水平。例如，在初级阶段，可以重点培养学生的听力和口语能力，通过模仿和练习来提高他们的语音和语调；在中级阶段，可以注重阅读和写作能力的培养，让学生通过阅读商务文档和写作商务邮件来提高他们的语言表达能力；在高级阶段，可以重点培养学生的口头表达和交际能力，让他们通过参与商务会议和商务谈判来提高他们的沟通技巧和谈判技巧。通过循序渐进地提高语言技能，使学生逐步掌握商务英语的应用技能，实现教学目标。

4. 强化实践应用环节

在商务英语教学中，实践应用是提高学生语言能力的关键环节之一。因此，在实现阶段性目标的过程中，可以设置各种实践应用任务，让学生将所学知识和技能应用到实际商务场景中去。例如，在初级阶段，可以组织学生进行角色扮演活动，模拟商务电话沟通或商务会面交流；在中级阶段，可以安排学生撰写商务报告或商务邮件，完成商务谈判案例分析等任务；在高级阶段，可以组织学生参观企业或实习实践，亲身体验商务活动，锻炼他们的实际操作能力。通过强化实践应用环节，让学生在实践中巩固所学知识，提高语言运用能力，实现循序渐进的目标实现。

（三）目标驱动的任务序列

在商务英语教学中，采用目标驱动的任务序列是一种有效的教学方法，通过有序的任务设计和实施，帮助学生逐步达到预期的学习目标。

教师需要明确商务英语教学的总体目标和各阶段的具体目标。总体目标可能包括提高学生的商务交际能力、加强商务写作能力、培养跨文化交际能力等。各阶段的具体目标则根据学生的水平和需求进行设定，如初级阶段的目标可能是掌握基本商务用语和常用表达，中级阶段的目标可能是能够处理简单的商务文档和邮件，高级阶段的目标可能是能够进行商务谈判和跨文化沟通等。

其次，基于教学目标，教师可以设计一系列有针对性的任务，形成任务序列。任务序列应该按照学习者的能力和学习路径进行有序排列，从简单到复杂，从易到难，确保学生能够逐步积累知识和技能，达到预期的学习目标。例如，在初级阶段可以设计简单的商务场景模拟任务，中级阶段可以设计商务文档阅读和写作任务，高级阶段可以设计商务谈判和跨文化交际任务等。

再次，教师根据任务序列逐步实施教学活动，并及时给予学生反馈。在任务实施过程中，教师可以通过讲解、示范、练习等方式引导学生完成任务，同时关注学生的学习情况和表现，及时进行评价和反馈。通过反馈，学生可以了解自己的学习进展和不足之处，有针对性地调整学习策略，提高学习效果。

最后，根据学生的学习情况和反馈信息，教师可以适时调整任务序列，确保学生能够达到预期的学习目标。如果学生在某个阶段遇到了困难，可以适当延长该阶段的学习时间或调整任务内容，帮助学生克服障碍，顺利完成任务。反之，如果学生在某个阶段进展顺利，可以适当提前进行下一个阶段的任务，保持学习的动力和积极性。

通过目标驱动的任务序列，商务英语教学可以更加系统和有序，帮助学生逐步实现学习目标，提高语言能力和实际应用能力。同时，教师在实施过程中需要灵活运用任务设计和反馈机制，不断调整教学策略，以促进学生的全面发展。

二、语言技能目标与任务活动

（一）听力技能训练任务

1.语言技能目标

提高学生商务英语听力理解能力，使其能够听懂商务会议、电话交流、商务谈判等不同场景下的对话和讲话内容。

2.任务活动

（1）商务电话模拟

学生分组，每组扮演不同的商务角色，如客户、销售代表、客服人员等。设计商务电话对话场景，如客户询问产品信息、投诉售后服务等。播放商务电话录音，要求学生仔细倾听，模仿对话内容，进行角色扮演。

（2）商务会议记录

播放商务会议录音或视频，内容涉及公司业务讨论、决策、计划安排等。学生在听的过程中记录会议要点、关键信息和决策结果。结束后，学生交流分享自己记录的内容，比较不同学生的记录情况，讨论听力理解的差异和提高方法。

（3）商务讲座听力练习

邀请专业人士或老师进行商务讲座，内容涉及行业趋势、市场分析、商业技巧等。学生在听讲座的过程中记录重点观点和关键信息。结束后，学生彼此交流讲座内容，分享自己的理解和收获，进一步加深对商务领域的理解。

（二）口语技能训练任务

1.语言技能目标

培养学生商务英语口语表达能力，使其能够流利、准确地进行商务交流、演讲和谈判。

2.任务活动

（1）商务角色扮演

设计各种商务情景，如客户咨询、产品推销、商务会议等。学生分组，每组扮演不同的商务角色，并进行对话练习。教师提供指导和反馈，帮助学生改进口语表达，提高交流效果。

（2）商务演讲比赛

组织商务演讲比赛，学生可以自由选择演讲主题，如公司介绍、产品推广、

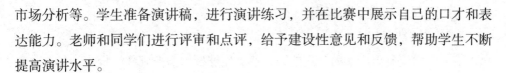

市场分析等。学生准备演讲稿，进行演讲练习，并在比赛中展示自己的口才和表达能力。老师和同学们进行评审和点评，给予建设性意见和反馈，帮助学生不断提高演讲水平。

（3）商务谈判模拟

设计商务谈判情景，如合同谈判、价格议价、合作协商等。学生分组，每组扮演不同的商务角色，进行模拟谈判。老师充当观察员，观察学生的谈判技巧和表现，并给予指导和建议，帮助他们改进谈判策略和技巧。

通过以上听力技能训练任务和口语技能训练任务，学生可以在不同场景下进行实践，提高商务英语听力理解和口语表达能力。同时，教师的指导和反馈也可以帮助学生发现不足，针对性地进行改进，使学生能够逐步达到商务英语口语的应用要求。

（三）阅读技能训练任务

1. 语言技能目标

提高学生商务英语阅读理解能力，使其能够有效获取商务文档、报告、合同等相关信息。

2. 任务活动

（1）商务文档阅读练习

提供商务文档，如公司简介、市场报告、销售数据等。要求学生在规定时间内阅读文档，理解主要内容、关键信息和数据。学生可以在阅读后回答问题、做笔记或写摘要，以检验自己的理解程度。

（2）商务新闻阅读讨论

提供商务新闻文章，涉及行业动态、市场趋势、企业发展等内容。学生阅读新闻文章，并在小组或全班讨论文章内容、看法和影响。引导学生就新闻中涉及的商务问题展开深入思考和讨论，培养其分析和评论能力。

（3）商务案例分析

提供真实的商务案例，涉及市场营销、财务管理、人力资源等方面。学生阅读案例并分析其中的问题、挑战和解决方案。学生可以撰写分析报告或小组讨论案例，共同探讨解决方案，培养实际应用能力。

（四）写作技能训练任务

1. 语言技能目标

培养学生商务英语书面表达能力，使其能够撰写商务邮件、报告、备忘录等文档。

2. 任务活动

（1）商务邮件撰写练习

提供不同类型的商务邮件模板，如询价邮件、回复邮件、邀请函等。要求学生根据具体情境和收件人的身份、目的等撰写邮件。学生可以交换邮件进行互评，提供改进建议和意见。

（2）商务报告写作练习

提供商务报告的写作指导和范例，如市场调研报告、财务报告等。学生根据所学知识和实践经验，选择主题并撰写报告。老师给予学生反馈和评价，指导学生提高报告的结构、逻辑和表达准确性。

（3）商务备忘录撰写练习

提供商务备忘录的写作要求和范例，如会议备忘录、工作安排备忘录等。学生根据具体情境和目的，撰写备忘录并传达所需信息。学生可以相互交换备忘录进行审核和修改，提高文档的质量和准确性。

（五）翻译技能训练任务

1. 语言技能目标

培养学生商务英语翻译能力，使其能够准确、流畅地进行商务文档的翻译工作。

2. 任务活动

（1）商务文件翻译练习

提供商务文件，如合同、协议、市场调研报告等，要求学生进行翻译。学生根据原文的语境和目的，进行翻译，并确保翻译结果准确、通顺。学生可以相互交换翻译结果进行评审和修改，提高翻译质量。

（2）商务会议口译练习

模拟商务会议场景，邀请外教或专业人士进行商务会议讲解。学生进行同声传译或交替传译，将讲解内容翻译成目标语言。学生互相交换角色进行口译练习，并进行互相评价和反馈。

（3）商务文件校对和审定

提供已翻译的商务文件，要求学生进行校对和审定。学生根据源文件和翻译文档进行比对，发现并纠正翻译错误和不恰当之处。学生可以提出修改建议，并与他人讨论，达成一致意见后确定最终翻译结果。

通过以上阅读技能训练任务、写作技能训练任务和翻译技能训练任务，学生可以全面提升商务英语的书面表达能力和翻译能力，为日后在商务领域的工作和沟通提供坚实的语言支持。

三、相关能力目标与任务情境

（一）跨文化交际情境任务

1. 相关能力目标

培养学生在商务环境中进行跨文化交际的能力，包括跨文化沟通、文化意识和文化适应能力等。

2. 任务情境

（1）国际商务会议

学生分组扮演来自不同国家或地区的商务代表，在模拟的国际商务会议中进行交流和讨论。要求学生了解各自国家或地区的商务礼仪、文化习惯和沟通方式，尊重和包容不同文化背景下的观点和做法。引导学生解决可能出现的文化冲突和误解，促进跨文化交际的顺利进行。

（2）跨文化商务谈判

设计涉及不同文化背景的商务谈判情景，如合作协议、项目合作等。学生扮演各自角色进行模拟谈判，在谈判过程中展现出对对方文化的理解和尊重。教师提供指导和反馈，帮助学生学会在跨文化环境中进行有效的商务谈判。

（3）文化差异解读

提供跨文化交际中常见的文化差异案例，如时间观念、礼仪习惯、沟通方式等。学生分析并讨论不同文化背景下的差异和影响，探讨应对策略和解决方法。引导学生培养开放包容的跨文化视野，增强文化敏感度和应变能力。

（4）商务文化体验活动

组织学生参观当地或外地企业，了解其商务文化和工作方式。学生与企业代表交流，了解不同文化背景下的商务实践和经验。学生通过实地体验，加深对跨文化交际的理解和认识，为日后的商务交流做好准备。

通过以上跨文化交际情境任务，学生可以在模拟的跨文化环境中进行实践，增强对不同文化背景的理解和适应能力，提高跨文化交际的有效性和成功率。同时，教师的指导和引导也可以帮助学生在跨文化交际中更加游刃有余地应对各种挑战和难题。

（二）职业素养训练情境

1. 相关能力目标

培养学生具备良好的职业素养，包括专业素养、人际交往能力、团队合作精神等。

2. 任务情境

（1）商务礼仪培训

组织商务礼仪培训课程，涵盖正式场合的着装、礼节、言谈举止等方面。学生学习和模仿正确的商务礼仪，提高在商务场合的形象和素质。

（2）团队协作项目

分组开展团队项目，要求学生在团队中扮演不同的角色，如领导、协调者、执行者等。强调团队协作、沟通与协调的重要性，培养学生的团队合作精神和领导能力。

（3）商务沟通培训

开设商务沟通培训课程，包括口头和书面沟通技巧、表达清晰和简洁等内容。学生通过案例分析、角色扮演等方式，提高与同事、客户之间的有效沟通能力。

（4）职业素养讲座

邀请企业高管或行业专家举办职业素养讲座，分享成功经验和职场心得。学生聆听讲座并参与互动，学习职场中的行为规范和职业素养要求。

（5）实习或实训项目

安排学生参加企业实习或实训项目，亲身体验职场生活和工作环境。学生通过实践学习，感受职业素养的重要性，并不断提升自身能力和素质。

通过以上职业素养训练情境，学生可以在模拟的职业环境中进行实践和培训，逐步提高职业素养水平，增强在职场中的竞争力和适应能力。同时，教师的指导和引导也可以帮助学生建立正确的职业观念和行为准则，为未来的职业生涯打下坚实的基础。

（三）思维能力拓展情境

1. 相关能力目标

培养学生的批判性思维、创新能力和问题解决能力，使其具备在商务环境中分析、判断和决策的能力。

2. 任务情境

（1）商业案例分析

提供真实或模拟的商业案例，涉及市场竞争、企业管理、投资决策等方面。学生分析案例，评估各种因素对企业发展的影响，并提出解决问题的建议和策略。

（2）创新商业计划

要求学生团队合作，制订创新的商业计划，涉及产品开发、市场推广、盈利模式等方面。学生需要进行市场调研、竞争分析，提出独特的创意和可行的实施方案。

（3）商务问题解决

设计商务问题情景，如客户投诉、供应链中断、市场份额下降等。学生小组合作，分析问题根源，制订解决方案，并提出可行的执行计划。

（4）商业模拟游戏

使用商业模拟游戏软件或桌游，让学生模拟经营企业的过程。学生需要运用财务、市场、人力资源等知识，进行决策和管理，体验商业环境下的挑战和机遇。

（5）行业趋势预测

分析当前商业环境和行业趋势，预测未来发展方向和潜在机会。学生进行研究和讨论，提出自己的见解和观点，培养对商业环境的敏感性和洞察力。

通过以上思维能力拓展情境的任务，学生可以在实践中提升批判性思维、创新能力和问题解决能力，为将来在商务领域中面对复杂问题时做出合理的分析和决策打下良好的基础。同时，教师的指导和引导也可以帮助学生培养正确的思维方式和解决问题的方法论，提高解决实际问题的能力。

四、目标评估与任务完成度

（一）任务完成对目标实现的反馈

任务完成对目标实现的反馈是评估教学活动对学习目标达成程度的关键环节。在商务英语教学中，教师应当定期对学生的任务完成情况进行评估，并根据

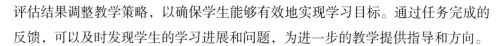

评估结果调整教学策略，以确保学生能够有效地实现学习目标。通过任务完成的反馈，可以及时发现学生的学习进展和问题，为进一步的教学提供指导和方向。

（二）形成性评估与任务调整

形成性评估是在教学过程中对学生学习情况进行持续性、系统性评估的过程。通过形成性评估，教师可以及时发现学生的学习困难和问题，及时调整教学策略，帮助学生克服困难，提高学习效果。在商务英语教学中，形成性评估可以通过课堂小测、作业反馈、口头表现等方式进行。根据评估结果，教师可以调整教学内容、方法和进度，以更好地满足学生的学习需求。

（三）终结性评估与目标达成度

终结性评估是在教学结束后对学生学习成果进行总结和评价的过程。通过终结性评估，可以客观地评价学生是否达到了预期的学习目标，并对教学活动的有效性进行总结和反思。在商务英语教学中，终结性评估可以通过期末考试、项目展示、口头演讲等方式进行。教师根据评估结果，可以对教学效果进行分析，总结教学经验，为今后的教学提供借鉴和改进。通过以上形成性评估和终结性评估，可以全面客观地评价教学活动对学习目标的实现程度。同时，教师还可以结合学生的反馈意见和自身的教学经验，对教学策略和方法进行调整和改进，提高教学质量和效果。综合而言，任务完成对目标实现的反馈、形成性评估与任务调整以及终结性评估与目标达成度是商务英语教学过程中不可或缺的重要环节，它们共同构成了一个循环往复、持续改进的教学评估体系，为学生的学习提供了有力支持。

第三章 商务英语课程内容与结构设计

第一节 商务英语实训课程内容的选择与组织

一、商务英语实训课程内容选择的策略

（一）坚持内容选择以学生为本

以学生为本的内容选择策略要求教育者深入了解学生的背景、兴趣以及职业发展需求。商务英语不同于普通英语教学，它侧重于英语在商业交流中的应用，包括商务写作、会议沟通、演讲技巧等。因此，教育者首先需要通过问卷调查、面试等方式，收集学生的基本信息和学习需求。例如，了解学生所在的行业、目前的职位、未来的职业规划以及他们在英语使用中遇到的主要困难。基于这些信息，教育者可以设计出符合学生实际需要的课程内容。如果大部分学生来自金融专业，那么课程中可以增加关于金融市场、企业财务报告等相关主题的英语材料和任务。此外，可以根据学生的英语水平调整教学难度，确保所有学生都能跟上课程进度。在教学方法上，采用情景模拟、角色扮演等互动式学习方式，可以让学生在模拟真实商务场景中实际使用英语，从而增强学习的实际应用性。

以学生为本的教学策略还应该体现在教学过程的持续反馈和调整上。商务英语的学习不是一蹴而就的，它需要教师在教学过程中不断收集学生的反馈，了解他们的学习进度和存在的问题。例如，可以定期进行小测验或实际操作演练，以此来评估学生对商务英语知识掌握的深浅和应用能力。基于这些反馈，教师可以调整课程内容和教学方法，确保教学更加贴合学生的需求。在商务英语课程中，教师可以引导学生如何利用现有的资源进行自我学习，例如推荐在线学习平台、商务英语应用文写作网站等。同时，也可以教授学生如何有效地利用英语原版书籍、杂志、报纸以及网络资源来提升自己的商务英语水平。实施以学生为本的教

学策略，还应包括对学生未来职业发展的支持。例如，课程中可以设置实习机会推荐、职场英语演讲训练以及职业规划指导等环节。这些不仅帮助学生应用所学知识解决实际问题，也为他们未来的职业生涯提供支持。

（二）围绕培养学生的实际应用能力进行实训内容选择

选择商务英语实训内容，首要考虑应是提升学生的实际应用能力。为此，教育内容的选择需紧贴商务实践，通过实用性强的场景模拟来培养学生的商务英语技能。具体而言，可以设计各种商务沟通场景，如客户谈判、产品介绍会、跨国会议等，让学生在模拟的商务环境中扮演不同角色。这种方式不仅提高学生的语言实际运用能力，也锻炼他们的问题解决和决策制定能力。商务英语教学内容的选择也应重视听说读写各方面技能的均衡发展。可以引入丰富的听力材料，如真实的商务会议录音、专业讲座等，同时结合英语对话影像和英语歌曲，增加学习的趣味性和实际感受。在阅读和写作训练中，引导学生阅读国际商务报道、分析案例研究，以及撰写商务报告和提案，从而全面提升他们的商务英语水平。结合信息化教学资源也是提升教学效果的关键策略。利用多媒体和网络平台，教师可以为学生提供动态的学习材料，如经典英文演讲视频、在线英语互动课程等。这些资源不仅能够拓宽学生的视野，也有助于他们更好地理解和吸收新知识，同时培养其自主学习的能力和习惯。

（三）选择具有典型性的内容

有效的商务英语实训内容选择应针对实际应用能力的提升，并包含典型的商业活动与交流形式，从而确保学生能够在真实的商务环境中运用所学知识和技能。

例如，电子邮件是全球商务通信的主要形式之一，掌握如何撰写清晰、专业的商务邮件对于日常商业交流至关重要。此外，商业报告是展示数据分析和研究结果的主要方式，是企业决策过程中不可或缺的一环。通过实训，学生应学会如何结构这些文档，有效地使用商务英语表达复杂的观点，并确保内容的专业性和精确性。例如，可以让学生练习撰写关于市场分析、年度总结或项目提案的报告，这些是他们将来在职场上可能需要编写的实际文档。客户服务与支持场景的模拟也是培养商务英语实用技能的有效方法。在这些模拟活动中，学生可以扮演客户服务代表的角色，处理包括投诉处理、产品查询、订单问题等在内的各种情况。通过这种形式的训练，学生不仅可以学习如何在压力情况下保持专业和礼貌，还可以锻炼他们的快速思考和问题解决能力。此外，这也是一个提升学生理解和使用商务专有术语的好机会，这些术语在真实的商业环境中非常常见。谈判不仅仅是关于语言的使用，更多的是关于策略的运用、情绪的控制以及非语言沟通的理解。实训可以通过模拟不同的谈判场景，如合同讨论、价格谈判或合作协议的制定，让学生实际体验并练习这些场景。通过这种方式，学生可以学习到如何准备谈判、如何提出有效的论点、如何应对对方的策略以及如何达成双赢的结果。

考虑到商务活动往往涉及多种文化背景，跨文化交流能力的培养不可忽视。通过讲解和展示不同文化中的商务礼仪、交流习惯和潜在的文化差异，实训可以帮助学生理解并尊重多样性，提高他们在国际商业环境中的有效沟通能力。这包括学习如何在不同文化背景下进行自我介绍、如何在会议中表达意见以及如何处理可能的文化冲突。通过分析真实的商务案例，学生可以更好地理解理论知识的实际应用，并通过讨论和反思，提高自己的批判性思维和决策能力。案例分析涉及的主题可以非常广泛，包括但不限于市场进入策略、危机管理、品牌重塑等。教师可以引导学生从多个角度分析案例，例如从文化、经济、技术等方面进行思考，这不仅增加了学习的深度，还激发了学生的学习兴趣。

通过上述典型性的内容选择，商务英语实训不仅能够帮助学生提高他们的语言能力，更能提升他们对商业操作、跨文化交流和职业发展的实际了解，为他们未来的职业生涯提供坚实的基础。这种综合性的教学方法确保了教育内容的实用性和教育目标的达成，使学生能够在复杂多变的全球商务环境中自信地应对挑战。

二、实训课程内容组织

（一）模块化组织

实训课程的模块化组织是提高教育效率和学生学习效果的重要策略之一。在商务英语实训中，采用模块化的课程设计可以使学习内容更加系统化、结构化，同时便于学生理解和应用。

模块化设计的核心在于将课程内容分解为一系列相互独立、功能明确的模块单元。每个模块都聚焦于特定的商务英语技能或主题，例如写作、演讲、谈判技巧、跨文化交流等。这种设计不仅有助于集中处理特定领域的知识和技能，而且可以根据学生的学习进度和需求灵活调整课程内容，（见表3-1）。

表 3-1　模块化设计

模块编号	模块名称	目标	主要内容
模块一	商务写作	提升学生撰写商务电子邮件、报告、提案等文档的能力	——基础的商务书信格式 ——专业词汇的使用 ——有效的信息组织结构
模块二	口头表达与演讲	增强学生的公共演讲能力和会议交流技巧	——模拟商务会议 ——演讲的准备与实施 ——有效的语音语调使用
模块三	商务谈判技巧	训练学生进行有效的商务谈判和决策	——谈判策略 ——文化差异的考量 ——模拟谈判实践
模块四	跨文化交流	提升学生在多文化背景下的沟通能力	——不同文化的商务礼仪 ——交流技巧 ——案例分析

每个模块都应采用多样化的教学方法来增强学习效果，如互动讨论、角色扮演、案例分析和团队合作项目。此外，应充分利用多媒体和信息技术工具，如在线教学平台、视频材料和互动软件，来支持模块教学。模块化的课程设计也需要相应的评估方法来确保学习成效。每个模块完成后，可以通过项目展示、口头报告、书面作业或模拟实践活动来评估学生的学习成果。同时，应定期收集学生反馈，以便调整课程内容和教学方法，确保教学的持续改进。实施模块化课程时，应考虑到学生的背景、需求和学习速度的多样性。教师可以根据学生的反馈和学习成效灵活调整教学计划和内容，确保每个学生都能从课程中获得最大的学习收益。通过这种模块化的组织方式，商务英语实训课程不仅能更系统地覆盖必要的商务技能，也能提供更个性化、更灵活的学习体验，从而有效提高学生的学习动力和应用能力。这种方法有助于学生在实际商业环境中更好地应用英语技能，为他们的职业发展和个人成长奠定坚实的基础。

（二）项目化组织

项目化组织是一种以项目为单位进行课程设计和实施的教学方法，旨在通过模拟真实的商务场景和任务，让学生在实践中学习商务英语知识和技能。在商务英语实训中，采用项目化组织的方式可以更好地培养学生的综合能力、团队合作精神以及解决问题的能力。

项目化组织的特点在于以项目为单位进行教学设计和实施。每个项目通常都有清晰的目标、明确的任务和具体的成果要求。在商务英语实训中，项目可以是模拟商务会议、撰写商务报告、进行商务谈判等。通过参与项目，学生能够在真实的商务环境中应用所学的商务英语知识和技能，从而更好地理解和掌握相关内容。在项目中，学生不仅需要运用商务英语进行交流和沟通，还需要展现团队合作能力、问题解决能力以及创新思维能力。例如，在模拟商务会议项目中，学生需要分工合作、协调资源、提出建设性的意见和解决方案，这些都是现实商务环境中所需要的技能。相比于传统的课堂教学，项目化学习更具有挑战性和实践性，能够激发学生的学习兴趣，并促使他们更加主动地参与学习。通过项目，学生能够看到自己所做的工作直接产生的成果，从而增强学习的成就感和自信心。

（三）阶段化组织

阶段化组织是一种将学习内容和活动分为多个连续阶段进行的教学策略，每个阶段都有其特定的学习目标和教学重点。在商务英语实训中，这种方法能有效地帮助学生逐步建立知识体系，加深理解，并在实践中灵活应用所学技能。

在基础阶段，主要目标是让学生掌握商务英语的基础知识和基本技能。这一阶段的教学内容通常包括基本的商务词汇、常见的商务交流表达、以及基础的商务书信写作格式。例如，教师可以设计课程教授商务邮件的标准格式、礼貌用语及其在不同情景下的使用方式。此外，基础阶段也应包括听力和口语的基本训练，如通过听商务会议录音来提高学生的听力理解能力，以及通过角色扮演活动来训练学生的口语表达能力。这一阶段的学习为学生后续更深入的商务英语应用打下坚实的基础。

核心阶段的目标是深化和扩展学生在基础阶段获得的商务英语知识和技能。在这一阶段，教学内容将涵盖更复杂的商务交流场景，如商务谈判、高级报告撰写、以及专业演讲技巧。学生将有机会参与到更为真实的模拟活动中，如模拟国际贸易谈判、编写详细的市场分析报告等。此外，核心阶段也强调分析和批判性思维的培养，学生需要学会如何分析商务案例，提出可行的解决方案。通过在核心阶段的学习，学生的商务英语能力将得到明显提升，为更高级的应用奠定基础。

综合拓展阶段的目的是将学生在前两个阶段中学到的知识和技能综合起来，应用于更广泛和复杂的商务环境中。在这个阶段，学生将参与到跨文化交流、国际项目管理、以及全球市场营销策略等高级商务活动中。例如，可以安排学生设计一个跨国公司的市场进入策略，或者参与一个多文化团队，共同完成一个国际项目。此外，综合拓展阶段也鼓励学生进行自主学习和研究，如通过完成一篇涉及商务英语应用的研究论文来深化他们的理解。通过这些高级和综合性的训练，学生能够全面提升自己的商务英语应用能力，同时也为其未来的职业发展和学术进步做好准备。

总的来说，阶段化组织方法通过逐步推进学习内容的难度和深度，使学生能够持续且有效地提升自己的商务英语能力。这种分阶段的教学设计不仅有助于学生更好地掌握商务英语，还能激发他们的学习兴趣，增强自信心，最终使他们能够在真实的国际商务环境中自如地应用所学知识和技能。

三、实训课程内容设计

（一）语言知识内容

在商务英语实训课程的设计中，语言知识内容是基础且至关重要的组成部分。为了使学生能够有效地在商务环境中运用英语，必须重视词汇词义、语法语用和修辞表达这三个核心领域的教学。

1. 词汇词义

在商务英语实训中，专业词汇的教学是帮助学生准确理解和表达商务概念的基础。词汇不仅限于单词本身，更包括其在特定商务情境中的用法。因此，课程设计应包括以下三个方面的内容：①根据不同的商务领域（如金融、营销、国际贸易等）选取相关的专业词汇进行教学。这些词汇是学生在特定商务场合中进行有效沟通的关键。②通过模拟不同商务情境（如会议、谈判、报告等），让学生实际使用这些词汇，从而加深对词汇的理解和记忆。③教授学生常见的词组搭配和商务惯用语，帮助他们提高语言的自然度和专业性。

2. 语法语用

虽然商务英语的沟通更注重效率和清晰性，但正确的语法使用是确保信息准确无误传达的基础。在商务英语实训中，应重视以下三点：①复习并强化时态、语态、句型结构等基本英语语法，确保学生能够正确构建句子。②教授用于请求、建议、同意、拒绝、承诺等商务交流功能的语句结构和表达方式。③训练学生根据不同的商务场合选择合适的语法结构和表达方式，如正式会议中的正式表达与非正式商务聚会中的随意表达。

3. 修辞表达

在商务沟通中，能够有效地使用修辞手法可以提高语言的说服力和吸引力。

修辞表达在商务英语实训中的关注点包括以下三个方面内容：①通过比喻或类比来说明复杂的商务概念，使信息更易于理解和接受。②教授学生如何通过修辞手法强调关键点或者适当缓和语气，以适应不同的交流需求和文化背景。③运用各种修辞技巧提高演讲或谈判的说服力，例如使用排比、对比等方式强化论点。

通过综合这三个方面的内容，商务英语实训课程能够全面提升学生在实际商务环境中的语言运用能力，使他们能够在国际商务交流中更加自信和专业。此外，这样的课程设计也鼓励学生通过实际应用来不断磨练和提高自己的语言技能。

（二）岗位技能内容

在商务英语实训课程中，除了基础语言知识的教育，岗位技能的培养也是极其重要的。这些技能直接关联到学生将来在商业环境中的实际工作表现。因此，课程内容应精心设计以涵盖一系列关键的商务岗位技能，包括但不限于客户服务、谈判技巧、项目管理、演示技巧等。

1. 客户服务与关系管理

在商务领域，优秀的客户服务能力是保持客户满意度和忠诚度的关键。实训课程中，应教授学生如何用英语有效地沟通和处理客户的查询与投诉，包括以下三点：①学习使用礼貌语言和正面反馈技巧。②培养解决问题的技能，如何提供解决方案和替代选项。③练习建立和维护客户关系的技巧，例如通过定期沟通和提供定制服务。

2. 商务谈判

谈判是商业交往中常见的活动，优秀的谈判技巧可以帮助企业在竞争激烈的市场环境中获得更好的交易条件。课程应包含以下三个方面：①重点训练谈判策略，如开场白、议价技巧、如何处理冲突。②理解文化差异对谈判的影响，学习在不同文化背景下的谈判风格。③模拟真实商务谈判场景，提供实际操作经验。

3. 项目管理能力

项目管理是许多商务职位的核心能力之一，涉及计划、组织、领导和控制项目以达成预定目标。课程设计应涵盖以下三个方面的内容：①教授项目规划的基本原则，如设定明确的里程碑和预算管理。②强调团队合作和领导力的培养，包括团队动力学和冲突解决。③使用案例研究来展示项目管理的实际应用，并通过团队项目实践这些概念。

4. 演示与公共演讲技巧

在商务环境中,有效的演示和公共演讲能力可以显著提升个人和企业的形象。因此,实训课程应提供以下三个方面的训练、练习和指导:①技巧训练,如声音控制、非语言沟通、演示文稿的设计。②练习制作和呈现商业演示文稿,包括使用现代演示工具如 PowerPoint。③提供反馈和指导,帮助学生改进其表达和表演方式。

通过上述岗位技能的训练,商务英语实训课程旨在不仅提升学生的语言能力,同时也强化他们在具体商务环境中的实际操作能力。这种全面的教育方法有助于学生在未来的职业生涯中更好地适应和应对各种商务挑战。

(三)跨文化内容

在全球化的商务环境中,跨文化能力的培养成了商务英语实训课程中一个不可忽视的重要组成部分。文化差异可能导致误解和沟通障碍,因此加强跨文化内容的教育对于培养能在多文化背景下有效交流和合作的商务人才至关重要。具体地说,跨文化内容应包括文化理解、文化适应以及文化沟通三个方面。

1. 文化理解

文化理解是指认识和理解不同文化背景下的行为、信仰、价值观及其对商务实践的影响。在商务英语实训课程中,这一部分的教学可以包括以下三个方面的内容:①介绍如何使用不同的文化模型(如霍夫斯泰德的文化维度理论)来分析和理解各种文化特征。②通过具体国家或地区的案例研究,分析不同文化背景下的商务行为和习惯。③提供一定的历史和社会背景知识,帮助学生更好地理解特定文化的形成和发展。

2. 文化适应

文化适应指的是在多文化环境中调整自己的行为和态度,以更好地融入和应对不同文化场景。这方面的教学内容应该包括以下三个方面以下三点:①教授学生如何识别文化差异,并学习有效的适应策略,比如灵活调整沟通风格和行为模式。②通过模拟不同文化场景的交流和互动,让学生实践如何在多文化背景下表现出适应性。③讨论和实践如何处理和解决文化差异引起的误解或冲突。

3. 文化沟通

文化沟通是指在跨文化环境中有效地进行信息交流。这一能力的培养对于任何希望成功进行国际商务的专业人士都是必不可少的。实训内容包括以下三个方面：①教授非言语元素如肢体语言、面部表情和眼神交流在不同文化中的意义和用途。②强调在跨文化沟通中避免使用可能导致误解或冒犯的语言和表达。③包括清晰表达、倾听理解、反馈技巧等，特别强调在多文化背景下的应用。

通过在实训课程中深入整合这三个方面的内容，学生不仅可以提高自己的语言能力和商务技能，还能够增强在全球化商业环境中成功交流和合作的能力。这种跨文化的训练使他们能够更好地理解和尊重不同文化差异，有效地管理和桥接这些差异，从而在多元化的国际市场中取得成功。

第二节　商务英语实训课程结构的设计原则

一、商务英语实训课程结构的设计原则

（一）特色性原则

在商务英语课程的设计和实施中，必须遵循特色性原则，以确保课程体现商务英语作为专门用途英语一个分支的独特性。商务英语的核心在于培养能够在商业环境中熟练运用英语的高技能型专业人才。为了彰显这一原则，商务英语实训课程的结构设计需做到三个关键点：首先，培养目标需要明确，将语言技能、商业知识和服务能力有效结合；其次，课程设计应从传统的学科教学模式转变为以"职业能力"为本位的教学方向，重视语言能力与商业技能的并重发展；最后，加强工学结合，深化产学合作，完善顶岗实习程序，显著增强学生的实际操作能力。课程应根据职业岗位的具体要求，结合专业特色和实际需求，不断优化人才培养方案，并创新人才培养模式。逐步建立起"工学结合"的人才培养模式，通过积极探索实际操作和教学相结合的多种模式，如订单培养、工学交替、校企互动及顶岗实习等，形成与产业紧密结合的持续发展机制。这样的教学模式不仅能提升学生的职业技能，也能对同类专业产生示范和带动效应。通过这种方式，商务英语课程能够真正满足现代商务环境中对高素质应用型人才的需求。

（二）以"生"为本原则

在高等教育中，人才培养是核心任务，而"以'生'为本"原则是确保教育质量和效果的重要指导思想。这一原则强调，教育活动应充分考虑学生的生理和心理特点，将价值引导、理论教育和实践教育有机结合，设计符合青年学生需求

的实践内容和方法，同时尊重每位学生的个性和发展需求。

在商务英语实训课程的构建中，以"生"为本的原则尤为重要。这意味着在确立目标的基础上，课程设计应着重于职业素养与技能的并重培养，将学历教育与岗前培训有效结合。具体来说，教育不仅要提升学生的口头表达能力、实际操作能力和自主学习能力，还要推进包括"品德优化、专业深化、能力强化、形象美化"在内的职业素养提升工程。

商务英语实训课程的构建应以学生为本，重点培养学生熟练的英语沟通能力、扎实的商务知识与技能，以及适应现代商务环境的信息处理能力。这要求教育者在专业理论与实训课程的结构建设、教学计划的制订以及实习实训等各个环节进行全面的改进，以最大限度地培养学生的职业能力。

（三）层次性原则

层次性原则在教育领域中扮演着至关重要的角色，特别是在实践教育中的应用。该原则要求教育活动需针对不同年级和不同类型的学生群体，根据他们的特征和个性，通过不同的途径和方法进行专门的设计、规划和实施。具体到商务英语教育，这一原则的实施尤为关键，因为英语不仅是专业学习的工具，也是进行国际商务活动的关键工具。

在商务英语教育中，层次性原则首先要求教育者进行系统的课程规划。这意味着需要根据学生的不同学习阶段设定不同的学习目标和内容。例如，针对初级学生，重点可能放在基础英语能力的培养上，而对于高年级学生，则更加侧重于商务英语的专业技能和实际应用能力的提升。课程内容的设计应当分层次进行，每个层次都应有明确的学习目标和对应的教学内容。这种分层安排确保了学习的连续性和递进性，使学生能够在完成一定学习任务后，自然过渡到更高层次的学习。此外，不同学习阶段之间需要有效的衔接，确保学生能够在知识和技能上获得连续的发展，避免学习断层。在实施层次性原则的过程中，教育者需要整体推进教学活动，同时注重个体差异，实现因材施教。这涉及识别每个学生的学习风格、兴趣和能力，然后提供适合其个人特点的学习资源和支持。

1. 有层次的校内实训模块设计

校内实训模块的设计需采用有层次的结构，以适应学生在不同学习阶段的需求和能力。具体来说，这一设计包括三个主要的层次。

其一，在学生的一年级阶段，重点放在基本技能的训练上，主要培养学生在商务英语的听、说、读、写和翻译方面的能力。在这个初级阶段，课程设置和课堂教学都将围绕密集的英语语言教学进行，广泛使用商务背景下的语言材料。这不仅帮助学生学习语言知识和技能，同时也使他们能够积累相关的商务专业词汇和了解文化背景知识。

其二，进入二年级和三年级阶段，教学的焦点转向商务专项技能的培养，主要是提升学生在商务英语沟通中的综合能力。在经过一年的系统学习基础之后，学生此时应已具备必要的英语语言能力和基本的商务技能。此阶段的实训将重点在于综合这些单项技能，通过实际操作让学生融会贯通，并加强对整个商务活动流程的实训，以增强他们的跨文化交际能力、协调能力和团队协作能力，从而为未来的商务职业生涯奠定坚实基础。

其三，在四年级阶段，教学内容将聚焦于综合职业能力的培养，特别是创新创业教育能力的提升。在这一阶段，学校鼓励并指导有志于自主创业或科技创新的学生进行先行实践，以实际动手经验促进其职业技能的全面发展。

值得注意的是，这三个阶段的实践教学内容应保持一定的灵活性，教师根据学生的实际情况和特点进行适当的调整和个性化指导，确保教学内容既系统又符合学生的具体需求。这种层次性和灵活性的结合是商务英语教育成功的关键。

2. 有层次的校外实训模块设计

校外实训作为商务英语实践教学的关键组成部分，对于学生的职业发展和社会适应能力具有重要影响。因此，根据"层次性"原则，校外实训应详细规划，阶段性实施，确保学生逐步适应并深入了解社会和职场环境。

对于刚入学的一年级学生，他们对商业世界和职场生活的了解往往较为表面，主要基于书本知识和媒体。在这个阶段，校方应组织学生赴各种企业进行实地参观学习。这种活动不仅帮助学生建立对现实社会、经济态势和企业运作的基本认知，而且激发他们对所学专业的兴趣和热情。通过观察企业的日常运作和与从业人员的交流，学生能够从感性认识逐步过渡到理性理解，为之后的深入学习和实践打下基础。

到了二年级和三年级，学生已具备一定的专业知识基础和初步的社会认识，此时应鼓励他们深入社会和企业进行实地调研。这一阶段的实践重点是让学生在了解企业文化和运作模式的基础上，开始规划自己的职业生涯。学生可以通过访问不同的企业，与业界专家进行面对面的交流，收集关于行业发展趋势、职业机会及所需技能的第一手资料。这种深入的社会实践有助于学生形成更加明确和现实的职业规划。

对于即将毕业的四年级学生，重点应转向社会实习和职业技能的实际应用。在这一阶段，学校应与企业合作，为学生提供实习机会，使他们能够在真实的职场环境中应用所学知识，逐步适应职业角色。实习不仅有助于学生积累工作经验，提高专业能力，还能使他们理解职场文化和工作伦理，从而更好地进行职业生涯的过渡。

整体而言，校外实训的层次性设计旨在通过系统的、阶段性的实践活动，逐步引导学生从理论到实践，从学校到社会的平稳过渡，最终培养出既具备商务英语能力又能够熟练应对职场挑战的复合型人才。

（四）社会化原则

在商务英语实践教学中，坚持"社会化"原则至关重要，这不仅有助于学生将课堂知识应用于真实世界，还能增强他们的职业竞争力和市场适应性。这一原则强调教育的开放性和实践性，鼓励教育者积极与社会各界建立合作，创建真实的学习环境和体验，从而促进学生全面发展。

积极与各行业企业建立合作关系，让学生有机会接触到真实的商务环境和操作流程。通过实习、实训或参与行业项目，学生可以直接从业界专家和实际业务操作中学习，这种经验是课堂学习无法完全提供的。邀请行业专家参与课程设计和教学，使教学内容和教学方式更贴近实际业务需求。企业可以提供案例研究材料，参与教学活动，或为学生提供实地考察的机会，从而使教学内容保持时效性和实用性。设计课程时，创造模拟的商务场景，如商务谈判、项目策划、市场分析等，让学生在仿真环境中应用语言和商务技能。这种模拟训练有助于学生在进入真实工作环境前，提前适应并掌握必要的职业技能。引导学生参与社会活动和志愿服务，特别是那些与商务英语相关的活动。这样的参与不仅能够增强学生的社会责任感，还能提升他们的沟通能力和团队协作能力。组织有关职业规划的讲座和研讨会，帮助学生了解不同商务领域的职业路径，明确自身的职业目标和发展方向。通过这些活动，学生可以更明确地认识到自己的职业兴趣和潜在的职业机会。通过这些具体策略的实施，商务英语教育能够更好地遵循社会化原则，帮助学生在激烈的市场竞争中找到自己的位置，不断地学习和进步，最终实现职业生涯的成功。这种教育模式不仅有助于学生的个人发展，也为社会培养出更多具

备实用技能和高度职业素养的商务英语人才。

（五）理论与实践相结合原则

在商务英语教育中，理论与实践相结合的原则至关重要，这不仅帮助学生深化理论知识，而且增强他们的实践能力，培养创新精神。商务英语是一门要求高度综合运用语言及商务知识的学科，故此要求学生不仅要学习大量的英语语言知识，还需掌握相关的商务专业技能。单纯的理论教学或浮于表面的学习方法往往难以使学生形成深刻的理解和印象，这在实际工作中可能导致效率低下甚至出现错误。因此，系统而深入地学习和掌握相关的商务知识和技能显得尤为关键。为了有效地结合理论与实践，一方面，理论教学需要确保学生能够系统地学习到商务英语的核心内容，如国际贸易规则、经济政策、市场分析及商务沟通等。理论教学不仅应传授知识，更应培养学生的批判性思维和解决问题的能力。另一方面，课程设计应包含丰富的实践活动，如案例研究、角色扮演、商务谈判模拟以及团队项目等，这些都能让学生在类似真实的商务环境中应用所学知识，进行实际操作。通过这种方式，学生可以直观地了解理论在实际中的应用，同时也能发现并填补理论学习中的空缺。最后，教育者应不断收集学生在实践活动中的表现和反馈，评估他们的学习成果，并据此调整教学方法和内容。这种反馈机制对于教育者和学生而言都是一种重要的学习资源，帮助教育者改进教学策略，同时也使学生能够更清晰地认识到自己的进步与不足。

二、建立实训课程结构的策略

（一）强化学生技能素质培训

在高等教育中，除了传授专业理论知识，强化学生的技能素质训练也极为关键。这是因为社会对高等院校培养的人才不仅要求具备理论知识，还期待他们拥有高级的专业技能。与传统的理论教学相比，技能培训需要在具体的实践环境中进行，让学生通过实际操作来学习和应用所掌握的技能。因此，技能教学应密切关注新技术的发展趋势，并在此基础上进行不断的研究和探索，以确保教学内容和方法都能跟上时代的步伐。这种教学方式不仅能有效地提高学生的职业技能，还能促使教育机构在人才培养方面取得显著的进步和突破。通过这样的教育模式，学生能够将所学知识和技能更好地转化为解决实际问题的能力，从而在未来的职业生涯中发挥重要作用。

（二）实践教学中心地位的确立

确立实践教学在高等教育中的中心地位，首先需要构建一个相对独立的实训课程结构。这种结构能确保实践教学不再是理论教学的附庸，而是成为一种独立并且同等重要的教学形式。实践教学的核心作用在于，它能直接将学生置于接近实际工作的环境中，通过实际操作来加深理解并培养实际问题解决能力。在当前我国的教育环境中，许多学校的教育工作者，包括教师和管理人员，往往侧重于传统的理论课教学，而忽视了职业技能和实际操作能力的培养。这种现象部分源于对教学大纲和相关文件的编制方式的侧重点。因此，为了推动实践教学的发展，学校必须从根本上改变教学目标的设定、教学实施的方法、教学管理的模式以及教学评价的标准。首先，教学目标应以培养学生的实际操作能力和职业技能为主，而非仅仅停留在知识传授上。其次，在教学实施方面，应增加实际案例分析、实地考察、模拟实操等内容，使学生能在实际中学以致用。再次，在教学管理上，需要打破传统的管理模式，采取更加灵活和开放的管理策略，鼓励教师和学生参与到实践活动的设计与执行中。最后，教学评价也应从单一的理论知识测试转向综合评估学生的理论知识与实践技能。通过这些措施的实施，可以逐步改变教育者的教学理念，从而真正确立实践教学的中心地位，为学生提供一个更加全面和实用的学习环境，有效地培养他们成为具有高度职业技能和实际操作能力的人才。

（三）整合资源，协调要素

实践教学的有效性很大程度上依赖于资源的整合与要素的协调。为了提升职业技能训练的质量和效果，学校需要与外部资源，尤其是企业界，建立互利的合作关系，实现资源共享。这不仅增强了教学实践的相关性和实用性，还为学生提供了接触真实工作环境的机会。与企业建立"双赢"的合作机制是整合资源、协调要素的关键步骤。这种合作可以通过多种形式实现，例如企业可以提供实习基地，参与课程设计，提供实际项目供学生操作，甚至参与到教学过程中来。同时，学校可以利用其学术资源和人才培养优势，为企业提供技术支持和人才培训服务。这种合作不仅使学生能够直接从实际业务中学习，还帮助企业获得最新的研究成果和优秀的潜在员工。充分利用学校现有的设施和依托企业资源，是创造良好实践教学条件的基础。学校应当评估和优化现有的教学资源，如实验室、工作坊等，使之能够满足实践教学的需求。同时，通过与企业的合作，可以获得额外的资源支持，如使用企业的设施进行实训，或由企业提供的最新技术和设备等。双课程模式，即将学校教育与企业实际需求相结合的教学模式，是资源整合的有效途径。这种模式下，教学活动不仅限于传统课堂，还包括在企业环境中的学习。此外，通过与行业资格认证的接轨，学生的学习成果得到业界的认可，进一步增强了教育的职业导向性。构建一个开放性的师资队伍也是资源整合的一个重要方面。这意味着引入来自企业界的专业人士参与教学，他们能够带来最新的行业知识和实践经验，使得教学内容更加贴近实际，更具前瞻性和应用性。同时，这也为传统教师提供了与企业实际相结合的学习和发展机会。通过上述措施，学校的实践教学与管理可以更有效地融入到整个社会的职业教育体系中，不仅提高教育质量，还能更好地满足社会和经济发展的需求。这种整合资源和协调要素的策略，最终将促进教育与社会实践的无缝对接，培养出既有理论知识又具备实际操作能力的高素质人才。

三、商务英语实训课程结构的具体设计

语言不仅是人们沟通交流的基本工具，更是承载文化的重要媒介。在商务环境中，英语的运用能力变得尤为复杂，因为这不仅涉及语言和语用的基本知识，还包括对目标语言文化环境的深入理解。因此，掌握商务英语的对话交流能力，实际上是掌握了一种文化交际能力。为了满足这种需求，教师在设计实训课程模块时，可以从以下四个方面进行详细展开。

（一）语言技能模块的设计与实施

有学者曾经指出："在商务环境中所使用的英语即为商务英语。"这一定义可以通过"English for business"和"English used in business contexts"两种表述来充分说明，它们明确了商务英语的使用者。基于此，我们定义那些已经或即将在商务领域工作的专业人士所需学习和掌握的英语为商务英语。作为商务活动中的沟通工具，英语的实际应用依然涉及听、说、读、写这四个基本环节，教学中需要特别强调这些技能的培养和训练。具体而言，从大一开始，教师就需要有针对性地强化语言技能和知识的培养。这意味着教师需精心筛选教学内容，并设计有效的教学方法，全面加强学生在听、说、读、写各方面的基本技能，为他们未来的商务学习和职业发展打下坚实的基础。

（二）商务技能模块的设计与实施

商务技能的培养是我国商务英语专业学生目前相对薄弱的一个领域。鉴于此，

教育者需要从学生的实际能力和需求出发，针对性地设计课程和训练模块。从大二学年开始，逐步引入国际贸易、工商管理、电子商务、商务谈判以及国际金融等相关课程，为学生提供专业知识的广泛涉猎。

在这些课程的基础上，通过模拟具体的商务情境，进行实际的商务技能训练。例如，模拟外贸流程中的询盘、报盘和还盘环节，实操外贸信函的撰写、收发，以及商务谈判的技巧和步骤。此外，通过实践外贸合同的签订、国际支付与结算流程、海关报关操作，以及国际贸易争端的解决，使学生能够全面了解并掌握国际贸易中的关键环节和操作流程。

通过这种结合理论学习和实际操作的教学模式，学生可以在真实或模拟的商务环境中深化理解，增强实操能力。这样的教学安排不仅提高学生的职业技能，更为他们将来的实际工作提供了坚实的基础，帮助他们在未来的商务场景中能够更加自如和高效地运用专业知识解决实际问题。

（三）人文素质模块

人文素质教育作为素质教育的核心部分，对于学生的全面发展至关重要。它不仅丰富了学生的内在精神世界，也培养了他们对人生、社会乃至国家和世界的深刻理解和理性思考。在当前快速变化的社会背景下，人文素质教育显得尤为重要，因为它关系到民族凝聚力和向心力的增强，对于提升人才的科学文化水平和道德品质，增强社会责任感具有不可替代的作用。首先，人文素质教育能帮助学生培养多维度的视角，对于理解复杂的全球问题和多元文化现象尤为关键。通过对历史、文学、哲学、艺术等人文学科的学习，学生能够深化对人类社会发展规律的认识，提高对现实问题的洞察力和解决问题的能力。这种教育不仅仅是知识的传授，更是思维方式和世界观的塑造。其次，人文素质教育在增强学生的个人品格和道德素质方面发挥着关键作用。通过对经典文化的学习和对伦理道德问题的探讨，学生能够建立起正确的价值观和人生观。教育应当激励学生树立自强不息的奋斗精神、创新精神，同时培养他们的宽广胸怀和高尚人格。在此基础上，教育还应该强调感恩与仁爱的重要性，使学生能够以更加开放和包容的心态面对世界。最后，人文素质教育对于培养学生的社会责任感极为重要。在全球化和信息化日益加深的今天，每个人都是全球社会的一员。教育应当引导学生意识到自己的行动如何影响到更广阔的社会和环境，鼓励他们参与到解决社会、环境和文化等问题中来，实现自我价值的同时，也为社会进步做出贡献。

（四）综合技能模块

综合技能模块将之前所学的各个单项技能进行融合运用，并在真实或模拟的商务情境中进行实践。在这个模块中，学生不仅需要展示他们在语言运用、商务沟通、解决问题等方面的综合能力，还需要展现出他们的创新意识和团队合作精神。

学生需要完成毕业商务方案设计。这个过程涉及到市场调研、商业计划书的编写、预算制定等多个环节。学生需要将所学的商务知识与技能运用到实际中，通过对市场需求和竞争对手的分析，制定出可行的商业方案，并将其写成详细的计划书。在这个过程中，学生不仅需要具备较强的商业敏锐度和创新能力，还需要运用英语进行专业的沟通和表达。学生需要在真实或模拟的商务情境中实践商务技能。这可能涉及到模拟商务谈判、客户服务、跨文化交流等方面。学生需要充分运用他们在语言表达、沟通技巧、团队合作等方面的综合能力，在与同事、客户或合作伙伴的交流中达成商业目标。这种实践能够让学生更加深入地理解商务实践的复杂性和挑战，同时也提升了他们的应变能力和解决问题的能力。

这一模块的实施需要学校与企业的通力合作。学校可以与企业合作，提供实习或项目合作的机会，为学生提供一个真实的商务环境。同时，学校和企业还可以共同设计商务案例或模拟情境，让学生在模拟中体验真实商务场景，从而更好地准备他们步入职场。

综合技能模块的实施不仅可以让学生将所学知识和技能有机地结合起来，更能培养学生的实际操作能力和解决问题的能力。通过与真实商务环境的接触和实践，学生将更好地适应未来的职业挑战，为自己的职业发展打下坚实的基础。

第三节　商务英语实训课程与行业需求的匹配

一、行业需求分析

（一）人才需求分析

商务英语实训课程与行业需求的匹配是现代商务教育中的重要环节。在当今全球化的商业环境下，商务英语的重要性日益凸显，行业对具备良好商务英语能力的人才的需求也在不断增长。因此，商务英语实训课程应当与行业需求相匹配，旨在培养学生具备符合市场需求的知识、技能和素质，使其能够顺利应对商业环境中的挑战和机遇。

在人才需求方面，行业通常需要具备商务英语能力的人才来担任各种商务岗位，如国际贸易专员、外贸业务员、商务助理等。这些岗位的职责包括商务文件的翻译和撰写、参与商务会议和谈判、协助开拓海外市场等。因此，商务英语实训课程应当以满足这些岗位的需求为目标，培养学生具备相应的知识和技能。

针对人才需求的具体分析包括岗位职责分析、知识技能需求和能力素质要求。对于岗位职责的分析，学生需要了解并熟悉各种商务活动的具体操作流程和技巧，例如商务文件的撰写和翻译、商务谈判的技巧和策略等。此外，学生还需要掌握国际贸易相关的知识，包括国际贸易的基本流程、贸易条款、国际支付方式等。在能力素质方面，学生需要具备良好的语言表达能力和沟通能力、较强的逻辑思维能力和分析解决问题的能力、团队合作精神和抗压能力等。

因此，商务英语实训课程应当针对这些具体的需求，设置相应的教学内容和活动。例如，可以开设商务英语写作课程，教授学生商务文件的撰写技巧和语言表达能力；可以组织商务谈判模拟活动，让学生在模拟的商务情境中锻炼沟通和谈判能力；还可以安排国际贸易实践课程，让学生亲身体验国际贸易的操作流程和实际工作环境。

（二）市场需求分析

商务英语实训课程与行业需求的匹配不仅需要深入了解行业内的人才需求，还需要对市场需求进行充分的分析。这样可以更好地把握商务活动的特点、了解客户群体的分布以及预测行业发展趋势，从而为课程内容和教学方法的设计提供指导。

1.行业发展趋势

了解行业发展趋势是设计商务英语实训课程的关键因素之一。在当前全球化和信息技术快速发展的背景下，跨国公司的增多和国际贸易活动的持续增长，对商务英语专业人才提出了更高的需求。这些变化不仅增加了商务英语在国际交流中的应用频率，也极大地拓展了其应用范围，使得商务英语的教学不再局限于传统的贸易和商务谈判，而是扩展到了对复杂商业文档的处理、国际市场营销策略的制定，以及多文化团队的管理等领域。

在这种背景下，商务英语实训课程需要重点培养学生的国际化视野和跨文化沟通能力。这意味着课程内容不仅要包括基本的商务英语语法、词汇等语言知识，还应加强对学生在实际商务环境中使用英语进行有效沟通的能力训练。例如，通过模拟国际会议、组织跨文化工作坊、实施多文化团队项目等教学活动，帮助学生理解不同文化背景下的商务行为和沟通方式，从而更好地适应国际商务环境的需求。

商务英语课程还应关注最新的国际贸易协议、全球经济政策以及国际商业法规的变动，将这些内容融入课程教学中，使学生能够及时了解和掌握全球商务活动的最新动态。通过这样的课程设置，不仅能够提升学生的语言实践能力，还能够增强他们的国际竞争力，为未来在全球商务领域中的职业生涯奠定坚实的基础。

2. 商务活动特点

商务活动不仅仅包括商务谈判和合作协商，还涉及市场营销、客户管理、产品开发、供应链操作等多个领域。每一个领域都有其独特的语言使用需求和交流方式，这些需求在不同的文化和法律环境中还可能有所不同。商务英语实训课程应当密切结合实际商务活动的特点，精心设计教学内容和案例分析。课程应包括对基本商务交流技巧的教学，如有效的听说读写技能，专业术语的使用，以及商务文档的编写等。此外，更高级的课程内容应涵盖复杂的商务谈判技巧，如如何进行有效的说服、如何处理冲突、以及如何在跨文化环境中建立信任等。案例分析在商务英语实训课程中尤为重要，因为它们可以提供具体的情境，让学生应用所学知识解决实际问题。这些案例应该来源于真实的商务活动，涵盖从初级的交易处理到高级的战略决策制定的全过程。通过分析这些案例，学生可以了解不同商务活动中可能遇到的挑战和机遇，以及如何有效地使用英语进行沟通和谈判。

3. 客户群体分布

客户群体的分布具有明显的地域性和行业特定性，这种多样性直接影响商务英语实训课程的设计和实施。不同区域和行业的客户背后往往隐藏着独特的文化背景、商业习惯和具体需求，这要求商务英语教育不仅要涵盖广泛的语言技能，还必须着重培养学生的跨文化交流能力和行业适应能力。首先，商务英语课程需要根据客户群体的地理分布和文化特征设计具体的教学内容。例如，对于主要面向亚洲市场的商务英语课程，应包含更多关于亚洲商业文化、礼仪和交易习惯的教学元素。同样，针对欧美市场的课程则应侧重于西方的商业规范和沟通风格。课程应通过具体案例和模拟活动加强学生的跨文化沟通能力训练。例如，设计模拟国际谈判的课程活动，让学生扮演不同文化背景的商务人士，通过实际操作来体验和学习如何在多元文化的背景下有效沟通和解决冲突。其次，课程中可以引入真实的跨文化商务交流场景，如国际会议、展会等，使学生有机会直接接触并理解不同文化下的商业互动。最后，商务英语教育还应注重特定行业需求的教学。不同行业的商务交流往往有着特定的术语和规范，教学时应引入行业相关内容，如金融、科技、制造等行业的专业英语学习。通过引入行业专家进行讲座或实训，学生可以获得更为深入和具体的行业知识，这不仅提高了他们的语言应用能力，也增强了其行业内的竞争力。

二、实训课程与需求匹配

（一）培养目标匹配

商务英语实训课程的成功与否，关键在于其培养目标是否能够与行业需求相匹配。培养目标的明确定位是设计课程的基础，而对接行业需求目标则是课程的根本目的。

商务英语实训课程的培养目标应当明确定位，旨在培养学生具备符合市场需求的商务英语能力和素质。这包括语言能力、跨文化交际能力、商务沟通能力、跨文化团队合作能力等方面。例如，学生应当能够流利地运用商务英语进行书面和口头交流，能够在跨文化环境中与国内外客户进行有效沟通和协商，能够灵活运用商务谈判技巧解决商业纠纷，能够在跨文化团队中协作开展国际贸易活动等。商务英语实训课程的培养目标应当与行业需求目标紧密对接，以确保培养出符合市场需求的人才。针对行业的人才需求分析，课程设计应当着重培养学生在商业领域中所需要的实际技能和素质。例如，商务英语实训课程可以设置商务写作、商务谈判、跨文化交际、国际贸易实务等专业课程，让学生在模拟的商务情境中进行实践，提高商务英语能力和应对商务挑战的能力。

（二）课程内容匹配

商务英语实训课程的内容设计至关重要，它需要与行业需求密切匹配，确保学生在课程学习中获得的知识和技能能够与实际岗位需求对应，从而提高其就业竞争力。

1.岗位知识技能对应

课程内容应当紧密对应不同商务岗位所需的知识和技能。例如，针对国际贸

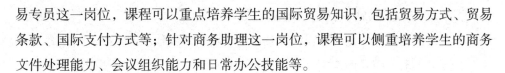

易专员这一岗位，课程可以重点培养学生的国际贸易知识，包括贸易方式、贸易条款、国际支付方式等；针对商务助理这一岗位，课程可以侧重培养学生的商务文件处理能力、会议组织能力和日常办公技能等。

2. 实操案例贴近实际

实训课程的案例设计应当贴近实际商务环境，让学生能够在模拟的情境中进行实际操作和应用。通过真实的商务案例，学生可以更好地理解商务活动的流程和规则，培养实际解决问题的能力。同时，案例还可以涵盖不同行业和跨国文化，帮助学生适应多样化的商务环境。

3. 融入文化交际内容

跨文化交际是商务英语实训课程不可或缺的一部分。课程内容应当融入文化交际的内容，帮助学生了解不同文化背景下的商务礼仪、沟通方式和价值观念，提高跨文化沟通的能力和适应能力。例如，可以通过模拟不同国家或地区的商务谈判情景，让学生体验不同文化背景下的交流和合作。

（三）教学模式匹配

商务英语实训课程的教学模式应当与行业需求相匹配，采用能够促进学生实际操作和应用能力的教学模式，从而更好地培养学生的实际工作能力和应对挑战的能力。

1. 采用任务驱动模式

任务驱动模式是一种以任务为中心的教学模式，通过设置具体的任务情境，激发学生的学习动机和兴趣，促进学生的自主学习和合作学习。在商务英语实训课程中，可以设计各种真实的商务任务，如商务会议模拟、商务文件撰写、市场调研报告编写等，让学生在完成任务的过程中提升语言能力和实际操作能力。

2. 开展项目导向教学

项目导向教学是一种以项目为基础的教学模式，通过组织学生开展实际项目，培养学生的问题解决能力和团队合作精神。在商务英语实训课程中，可以组织学生开展商务项目，如制订国际市场拓展计划、策划跨国企业合作项目等，让学生在项目实践中学习和应用商务英语知识和技能。

3. 实施情境模拟教学

情境模拟教学是一种通过模拟真实情境来进行教学的方法，可以让学生在模拟的商务环境中进行实际操作和应用，提高他们的应对挑战能力。在商务英语实训课程中，可以设置各种商务情境模拟，如商务会议、商务谈判、跨文化交流等，让学生在模拟的情境中进行语言实践和沟通交流，增强他们的实际应用能力。

通过以上教学模式的匹配，商务英语实训课程可以更好地促进学生的实际操作和应用能力的提升，培养他们适应商业环境的能力和应对挑战的能力，从而更好地满足行业对商务英语人才的需求。

三、实训课程持续优化

（一）行业专家参与

商务英语实训课程的持续优化是确保其与行业需求匹配的关键步骤之一。行业专家的参与在此过程中发挥着至关重要的作用。他们的专业知识和实践经验能够为课程的设计和实施提供宝贵的指导和支持，从而使课程更具实用性、针对性和前瞻性。

行业专家参与商务英语实训课程的论证过程是保证课程设计的科学性和实用性的第一步。他们可以从行业发展的角度审视课程的设置、内容安排和教学方法，评估其是否与行业标准和趋势相符合。例如，针对不同岗位的人才需求，行业专家可以提供关于课程设置的建议，确保学生在课程学习中能够获得符合行业标准的知识和技能。行业专家的参与还可以为商务英语实训课程的内容更新和调整提供重要参考。他们可以分享行业内部的最新信息、发展趋势和实践经验，指导课程内容的更新和调整，确保课程与行业保持同步。例如，行业专家可以提供关于国际贸易法律法规变化的信息，指导课程内容的更新，使学生在学习过程中能够了解最新的法律法规要求，增强实际操作能力。行业专家参与商务英语实训课程的教学督导，可以对教学过程进行监督和评估，提供专业的教学建议和改进建议。他们可以参与课堂观摩和教学评估，评估教学效果和学生学习情况，提出针对性的改进建议，帮助教师不断提高教学质量和效果。例如，行业专家可以参与商务谈判模拟课程的观摩，并提供关于学生表现和谈判技巧的反馈意见，帮助教师调整教学策略和方法，提高学生的实际应用能力。

（二）企业订单培养

在商务英语实训课程的持续优化过程中，校企合作是一项至关重要的策略之一。通过与企业的深度合作，可以更好地了解行业的实际需求，有效对接企业订单，提高学生的就业竞争力和实际操作能力。

建立校企深度合作机制是商务英语实训课程持续优化的关键之一。学校与企业可以建立长期稳定的合作关系，共同制定课程目标和内容，开展实训项目和实践活动。通过与企业的深度合作，学校可以更好地了解行业的实际需求和趋势，及时调整课程内容和教学方法，提高课程的针对性和实用性。校企合作可以通过项目实训对接的方式，将学生的实践能力与企业的实际需求紧密结合起来。学校可以根据企业的需求和订单，设计相关的项目实训任务，让学生在实际项目中进行实践操作和应用，提高其实际操作能力和解决问题的能力。同时，学校还可以邀请企业专业人士参与项目实训的指导和评估，提供实时的反馈意见，帮助学生不断提高。

校企合作还可以通过就业实习融通的方式，为学生提供更多的就业机会和实习机会。学校可以与企业签订实习协议，为学生提供在企业的实习机会，让他们在实践中积累经验，提升就业竞争力。与此同时，学校还可以借助企业的资源和平台，为学生提供更多的就业指导和就业机会，促进校企之间的紧密合作和共赢发展。

（三）行业实践锻炼

行业实践锻炼是商务英语实训课程持续优化的重要组成部分。通过企业实习实训、社会实践活动和行业竞赛比赛等形式，学生能够在实践中巩固所学知识，提高实际操作能力和解决问题的能力，增强对商务领域的理解和认识。

企业实习实训是学生在实际企业中进行的实践活动，是商务英语实训课程持续优化的重要方式之一。学生可以通过参与企业实习实训，了解企业的运作机制和商务活动流程，接触实际商务环境，提高自己的实际操作能力和职业素养。学校可以与企业合作，为学生提供优质的实习岗位，制订详细的实习计划和实习指导，定期组织实习反馈和评估，确保学生在实习过程中获得有效的指导和培训。

社会实践活动是学生在社会实践中进行的实践活动，是商务英语实训课程持续优化的另一重要方式。学生可以通过参与社会实践活动，了解社会的发展变化和商务领域的最新趋势，锻炼实际操作能力和解决问题的能力。学校可以组织学生参加各种社会实践活动，如参观企业、参加商务论坛、参与社会调研等，让学生亲身体验商务领域的实际工作和生活，增强对商务活动的认识和理解。

行业竞赛比赛是学生在商务英语实训课程中展示自己实力和水平的重要平台，也是商务英语实训课程持续优化的重要途径之一。学生可以通过参加各种行

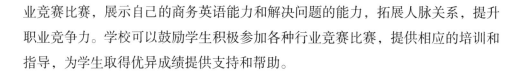

业竞赛比赛，展示自己的商务英语能力和解决问题的能力，拓展人脉关系，提升职业竞争力。学校可以鼓励学生积极参加各种行业竞赛比赛，提供相应的培训和指导，为学生取得优异成绩提供支持和帮助。

四、实训课程质量监控

（一）建立质量标准

建立质量标准是实训课程质量监控的第一步。这些标准应当包括课程设计、教学内容、教学方法、学生评价等方面的要求，以确保实训课程的设计和实施符合一定的质量标准。在商务英语实训课程中，可以根据课程目标和行业需求制定相应的质量标准，如语言能力、跨文化交际能力、实际操作能力等方面的要求，以确保学生毕业后具备符合市场需求的实际能力。

（二）完善质量保障

完善质量保障是实训课程质量监控的关键环节。这包括教学团队的建设、教学资源的配置、教学管理的规范等方面的工作。教学团队应当具备丰富的教学经验和行业背景，能够为学生提供优质的教学服务。教学资源应当充足和多样化，以满足不同学生的学习需求。教学管理应当规范和科学，建立健全的教学管理制度和流程，保障实训课程的顺利进行和有效实施。

（三）开展质量评价

开展质量评价是实训课程质量监控的重要手段之一。通过定期开展教学质量评价和学生满意度调查，可以及时发现问题，改进教学方法，提高教学质量。评价内容应包括课程设置、教学内容、教学方法、教学效果等方面的内容，以全面了解实训课程的质量状况。评价结果应当及时反馈给教学团队和学校管理部门，作为课程持续优化和改进的依据。

通过以上措施的实施，可以有效监控商务英语实训课程的质量，确保课程设计和实施符合一定的质量标准，提高教学质量和学生满意度，为学生的职业发展和社会实践提供更好的支持。

第四章 商务英语教学资源与教材选择

第一节 商务英语教学资源的分类与利用

教学资源指的是教学活动中所需的各种物质和非物质资产，包括教材、教具、多媒体资料、实验设备、网络资源、教学环境等，以及教师和学生在教学过程中所需要的各种支持和服务。这些资源可以用于支持教学内容的传授和学习活动的开展，提供丰富多样的学习体验和支持，促进学生的学习和发展。教学资源的充分利用对于课程的教学效果和学习成果具有重要的影响，可以提高教学的质量和效率，促进学生的全面发展。

一、商务英语教学资源分类

（一）课程教材资源

商务英语教学资源的分类是课程教学中非常重要的一部分，它们为学生提供了学习所需的各种材料和工具，有助于促进学生的学习和发展。

1. 纸质教材资源

纸质教材是商务英语教学中最传统、常用的教学资源之一。它们通常由教育专家或商务英语领域的专家编写，内容涵盖了商务英语的基础知识、实践技能、语言表达等方面。纸质教材的优点在于信息量大、体系化程度高、内容系统性强，能够为学生提供系统完整的学习内容和知识框架。在商务英语教学中，教师可以根据教学大纲和课程目标选择适合的纸质教材，作为课程教学的主要参考资料。此外，纸质教材通常具有较长的使用寿命，可供学生长期参考使用。

2. 数字教材资源

随着信息技术的发展和应用，数字教材逐渐成为商务英语教学中的重要组成部分。数字教材以电子形式呈现，包括电子书籍、网络课程、电子期刊、在线资源等。与纸质教材相比，数字教材具有更新快、交互性强、便于传播等优点。学生可以通过电子设备如计算机、平板、智能手机等随时随地获取学习资源，方便灵活，符合现代学生的学习习惯和需求。数字教材还可以结合多媒体技术，提供丰富多样的学习资源，如图文并茂的教学资料、音频视频课程、在线测试等，以增强学生的学习体验和效果。因此，在商务英语教学中，教师可以借助数字教材丰富课程内容，提供更多元化的学习资源，激发学生的学习兴趣和主动性。

3.多媒体课件资源

多媒体课件是商务英语教学中常用的辅助教学工具，它将文字、图像、声音、动画等多种媒体元素有机结合，以图文并茂、生动直观的形式展现课程内容。多媒体课件通常由教师自行制作或借助专业软件制作而成，包括 PPT 演示、视频教程、网络资源等。多媒体课件具有直观、生动的特点，能够有效吸引学生的注意力，提高课堂教学的效果和效率。教师可以通过多媒体课件展示商务英语实践案例、行业背景资料、专业术语解释等内容，帮助学生理解抽象概念，提升学习效果。同时，多媒体课件还可以与其他教学资源结合使用，如纸质教材、数字教材等，形成互补和协同作用，提供更丰富、更全面的学习支持。

（二）实践案例资源

实践案例资源在商务英语教学中具有重要作用，可以帮助学生将理论知识应用到实际情境中，培养他们的分析和解决问题的能力。

1.企业实现案例

企业实习案例是指学生在实习过程中所遇到的真实商务场景和问题。这些案例通常由学生在企业实习期间亲身经历、观察和参与，涉及到企业的运营管理、市场营销、人力资源、国际贸易等方面的内容。通过分析和讨论企业实习案例，学生可以深入了解企业的运作机制、行业发展趋势和商务实践经验，提高他们的实践能力和综合素质。教师可以组织学生进行案例分析、讨论和分享，引导他们从实践中学习，培养他们的商业思维和创新能力。

2.商务活动案例

商务活动案例是指各类商务活动中的典型案例，如会议、展览、洽谈、演讲等。这些案例涵盖了商务交流、人际关系、沟通技巧、商务礼仪等方面的内容，反映了商务活动的特点和规律。通过分析和讨论商务活动案例，学生可以了解商务活动的组织和管理、交流与协作、问题解决等方面的知识和技能，提高他们的实践能力和应变能力。教师可以结合课堂教学和实践活动，引导学生分析商务活动案例，探讨其中的关键问题和解决方案，促进他们的学习和成长。

3. 跨文化案例

跨文化案例是指涉及不同文化背景和价值观念的商务交流和合作案例。随着全球化的发展，跨文化交流和合作已成为商务领域的重要趋势，因此跨文化案例对于商务英语教学具有重要意义。通过分析和讨论跨文化案例，学生可以了解不同文化间的差异和共性，提高他们的跨文化交际能力和跨文化管理能力。教师可以引导学生分析跨文化案例中的文化因素和交流策略，促进他们的跨文化意识和跨文化适应能力的培养。

（三）参考工具资源

参考工具资源在商务英语教学中扮演着重要的角色，能够为学生提供必要的信息和支持，帮助他们更好地理解和应用商务英语知识。

1. 词典工具书

词典工具书是商务英语学习和教学中常用的参考工具，包括英汉词典、汉英词典、商务英语词典等。这些工具书包含了丰富的词汇和短语，提供了详细的解释和例句，帮助学生理解和掌握商务英语的专业术语和用法。同时，词典工具书还可以帮助学生解决语言难题，提高他们的语言运用能力和表达准确性。教师可以引导学生合理使用词典工具书，培养他们的自主学习能力和信息获取能力。

2. 文书范例

文书范例是商务英语学习和教学中常用的参考资料，包括商务信函、商务报告、商务演讲稿等。这些范例可以帮助学生了解商务文书的格式和写作规范，提供实际的写作模板和示范，帮助他们提高商务文书的写作能力和表达水平。教师可以根据课程内容和学生需求，选取适当的文书范例进行讲解和分析，引导学生学习商务文书的写作技巧和注意事项，提高他们的实践能力和应用能力。

3. 行业数据库

行业数据库是商务英语学习和教学中的重要信息资源，包括行业报告、市场分析、企业数据等。这些数据库汇集了丰富的商务信息和行业资讯，能够帮助学生了解行业发展趋势、市场竞争状况、企业运营情况等，为他们的学习和研究提供必要的支持和参考。教师可以引导学生利用行业数据库进行信息检索和分析，开展实践项目和研究活动，提高他们的实践能力和研究能力。

（四）网络资源

网络资源在商务英语教学中扮演着越来越重要的角色，它们为学生提供了广泛丰富的学习渠道和资源，有助于促进他们的学习和发展。

1.专业网站

专业网站是商务英语学习和教学的重要来源，包括商务英语教育网站、商务资讯网站、行业协会网站等。这些网站汇集了丰富的商务英语学习资源和资讯，包括教学视频、学术论文、行业报告、商务案例等。学生可以通过浏览这些网站了解最新的商务英语发展动态、行业趋势和实践经验，拓展自己的知识视野，提高综合素质。教师可以根据课程内容和学生需求推荐相关的专业网站，引导学生进行信息检索和学习交流，促进课程的深度和广度。

2.在线课程

在线课程是商务英语学习和教学的重要形式，包括慕课平台、在线教育网站、商务英语学习平台等。这些在线课程提供了丰富多样的学习资源和学习工具，包括教学视频、课件资料、在线测试等。学生可以根据自己的学习需求和兴趣选择合适的在线课程进行学习，自主掌握知识和技能。教师可以利用在线课程作为课堂教学的补充和延伸，引导学生进行网络学习和远程教育，提高他们的学习效率和自主学习能力。

3.社交媒体

社交媒体是学生学习和交流的重要平台，包括微信、微博、QQ群等。通过社交媒体，学生可以方便快捷地获取学习资源和与他人交流互动，分享学习心得和经验，解决学习中的问题。教师可以利用社交媒体建立学习群组或专页，与学生进行线上互动和交流，发布课程信息和学习资料，促进学生之间的合作与共享，提高课程的互动性和趣味性。

二、商务英语教学资源利用

（一）课堂教学利用

商务英语教学资源的利用对于提高教学效果和学生学习动力至关重要。教师可以通过对教材的详细解读，引导学生深入理解商务英语的基本概念、专业术语和语言技能。在教材解读过程中，教师可以结合具体例子和实际情境，帮助学生理解教材内容的内涵和应用方法，激发学生的学习兴趣和思考能力。案例分析是商务英语教学中常用的教学方法，通过分析真实的商务案例，帮助学生理解和应用商务英语知识和技能。教师可以选择与课程内容相关的商务案例，引导学生分析案例中的问题、挑战和解决方案，培养他们的分析和解决问题的能力，提高他们的实践能力和应变能力。通过模拟真实商务场景和情境，让学生在虚拟环境中进行商务交流和实践活动。教师可以设计各种商务情景和角色扮演活动，要求学生进行商务会议、谈判、演讲等模拟实践，锻炼他们的语言表达能力、沟通能力和团队合作能力，提高他们的实践能力和应用能力。通过以上方式，在课堂教学中充分利用商务英语教学资源，可以使学生更好地理解和掌握商务英语知识和技能，培养他们的实践能力和应用能力，提高商务英语教学的质量和效果。

（二）自主学习利用

自主学习是学生提高商务英语能力的重要途径。学生可以通过阅读商务英语相关的书籍、文章、报纸、杂志等拓展阅读材料，进一步提高商务英语的阅读能力和理解能力。这些拓展阅读材料可以涵盖商务领域的各个方面，如财务管理、市场营销、国际贸易等，帮助学生了解最新的商务趋势和实践经验，拓展自己的知识视野。学生可以利用各种线上学习平台和资源进行自主学习，包括慕课（MOOC）平台、在线教育网站、教育应用软件等。这些线上学习平台提供了丰富多样的商务英语课程和学习资源，如教学视频、课件资料、在线测试等，学生可以根据自己的学习需求和兴趣选择合适的课程进行学习，自主掌握知识和技能。学生可以利用商务英语教学资源进行语言技能训练，包括听力、口语、阅读、写作等方面的训练。他们可以通过听力材料、口语练习、阅读理解题、写作练习等方式进行技能训练，提高自己的语言运用能力和表达能力。同时，学生还可以利用商务情景模拟软件和在线商务游戏等资源进行商务实践活动，锻炼自己的商务交流和应变能力。通过以上方式，在自主学习过程中充分利用商务英语教学资源，可以帮助学生加深对商务英语知识和技能的理解和掌握，提高他们的学习效率和自主学习能力，促进商务英语教学的深度和广度。

（三）教学辅助利用

在商务英语教学中，通过合理利用教学资源，教师可以丰富课堂内容、提升教学质量，帮助学生更好地理解商务英语知识、提高语言技能，培养其商务应用能力和跨文化沟通能力。下面将分别深入阐述课件演示、资源推送和教学互动这三种主要教学辅助方式。

其一，课件演示作为一种视觉化的教学辅助工具，在商务英语教学中起着至关重要的作用。通过精心设计的课件，教师可以将商务英语的相关概念、实例案例、市场数据等生动直观地展现给学生。例如，在教学词汇时，通过在课件上展示图片、图表和动画，可以帮助学生更直观地理解单词的含义和用法；在讲解商务交流技巧时，可以通过模拟对话和实际案例的演示，让学生感受到真实商务场景下的语言运用方式。课件演示不仅能够提高学生的学习效率，还能够激发他们的学习兴趣，增强课堂氛围，促进教学效果的达成。随着信息技术的发展，各种商务英语学习资源在网络上得到了广泛的传播和应用。教师可以通过电子邮件、在线教育平台等途径向学生推送相关的学习资源，如教学视频、学习资料、商务案例等。这些资源丰富了学生的学习内容，帮助他们在课外进行学习补充和拓展，提高学习的深度和广度。例如，学生可以通过观看商务英语教学视频，了解商务实践中的交流技巧和应用技能；通过阅读商务案例，了解真实商务场景下的应对策略和解决方案。其二，通过合理推送教学资源，教师可以促进学生自主学习，增强他们的学习兴趣和主动性，提高学习效果。其三，教学互动是促进学生参与和学习的有效方式，通过教学互动，学生可以积极思考、提问、讨论，增强学习的主动性和参与度。教师可以利用各种教学辅助工具和资源，设计具有互动性的教学活动，如在线投票、小组讨论、角色扮演等，引导学生进行交流和合作，激发他们的学习兴趣和动力。例如，在商务英语口语课上，教师可以设计情景对话和角色扮演活动，让学生在模拟商务场景中进行交流和实践，提高他们的语言运用能力和沟通能力。通过有效的教学互动，教师可以更好地了解学生的学习需求和水平，针对性地调整教学策略，提高教学效果和学生满意度。

（四）课程评价利用

商务英语教学资源可以用于测试题目的命题。教师可以根据商务英语教材中的例句、对话、案例等资源，设计测试题目，涵盖商务英语的各个方面，如商务词汇、交际技巧、商务写作等。同时，商务英语多媒体课件中的图表、数据等也可以作为测试题目的素材，帮助学生理解和应用相关知识。商务英语教学资源可以用于作业设计。教师可以根据商务英语教材中的课文、案例等资源，设计各种类型的作业任务，如阅读理解、写作练习、口语对话等。同时，商务英语网络资源中的商务文档、商务信函范例等也可以作为作业的参考材料，帮助学生提高商务表达能力和应用能力。商务英语教学资源可以用于考核评估。教师可以根据商务英语教材和多媒体课件中的相关内容，设计考核题目和评分标准，对学生的学习成果进行综合评价。商务英语教学资源还可以用于考核方式的创新，如利用多媒体技术设计在线考试、口语评测等，提高评估的客观性和准确性。商务英语教学资源可以用于建立反馈机制。教师可以通过商务英语网络资源建立学生反馈平台，收集学生对课程内容、教学方法、学习资源等方面的意见和建议，及时调整教学策略，提高教学效果。商务英语教学资源还可以用于学生自主反馈，如利用在线问卷调查等方式收集学生对课程的评价，促进教学与学习的双向交流。通过充分利用商务英语教学资源开展课程评价，不仅可以提高评价的准确性和客观性，还能够丰富评价内容和方式，促进学生的全面发展和能力提升。同时，教师还可以通过课程评价不断改进教学方法和教学资源，提高教学质量和学生的学习体验。

三、商务英语教学资源建设

（一）教学资源库建设

商务英语教学资源库的建设是商务英语教学工作的重要组成部分。在建设过程中，教师需要通过以下五个方面进行：第一，教师可以从多种渠道收集商务英语教学资源，包括商务英语教材、学术期刊、互联网平台、企业实践案例等。第二，通过广泛而系统地收集资源，可以丰富教学内容，满足不同学生的学习需求。第三，教师需要对收集到的资源进行整合和分类，建立起一个清晰明确的资源档案。可以根据资源的内容、形式、难度等特点进行分类，以便教师能够快速有效地找到所需的教学素材。商务英语领域的知识和实践都在不断更新和发展，因此教学资源也需要定期更新。第四，教师应该定期审查和更新资源库中的教学素材，删除过时的内容，增加新的资源，确保教学资源的时效性和有效性。第五，通过教学资源库的建设，教师可以充分利用各种教学资源，丰富课堂内容，提高教学效果。同时，建设资源库也有助于教师之间的资源共享和交流，促进教学创新和提高教学质量。

（二）教学资源开发

教学资源的开发是指根据教学需要，对已有的教学素材进行深度加工和创新，以满足特定的教学目标和需求。商务英语教学中，案例是非常重要的教学资源之一。教师可以根据实际商务场景，开发各种类型的商务案例，如商务谈判、跨文化沟通、市场营销等。通过案例分析，学生可以更深入地了解商务实践中的问题和挑战，培养解决问题的能力和思维方式。教师可以开发各种教学工具，辅助商务英语教学。例如，可以开发商务英语词汇学习工具，帮助学生扩展商务词汇量；可以开发商务英语写作辅助工具，提供写作模板和范例，指导学生撰写商务文件等。这些工具的开发可以提高教学效率，增强学生学习的自信心和成就感。教师可以搭建在线教学平台或者课堂资源平台，为学生提供更便捷的学习环境和资源支持。在这样的平台上，教师可以上传和共享各种教学资源，包括课件、案例、视频等，学生可以随时随地访问和学习。通过平台的搭建，可以促进教学资源的共享和交流，提高教学效果和学生学习体验。通过教学资源的开发，教师可以充分利用各种教学素材，丰富课堂内容，提高教学效果。同时，资源开发也可以激发学生的学习兴趣，培养其自主学习和创新能力。

（三）校企合作资源共享

校企合作资源共享能够充分利用企业的实践经验和资源，为学生提供更加贴近实际的教学内容和学习机会。学校可以与企业建立合作关系，将企业的实践资源纳入到商务英语教学中。这些资源包括企业的市场调研报告、商务合同范本、商业计划书等实际案例和文档。通过将企业资源库接入到教学平台或者教学课程中，学生可以直接获取到企业实践的经验和资料，更好地理解商务实践的过程和规则。学校与企业可以共同开展商务项目，为学生提供实践机会。例如，学校可以与企业合作开展市场调研项目、商务谈判项目、市场推广项目等。在项目的开展过程中，学生可以与企业的员工一起工作，了解商务实践的具体流程和技巧，培养解决问题的能力和团队合作精神。学校与企业之间可以进行资源交流和共享，互相借鉴、学习。学校可以将自己开发的教学资源分享给企业，供其员工参考和学习；同时，学校也可以从企业那里获取到丰富的商务实践案例和经验，为教学提供更加丰富的教学素材和内容。通过资源交流和共享，可以促进学校与企业之间的合作关系，实现互利共赢的目标。

第二节　商务英语教材评估与选择原则

一、商务英语教材评估标准

（一）影响较大的教材评估标准

在教材评估领域中，多种评估框架和指南为选择和使用教材提供了重要的参考依据。特别在商务英语教学这一领域，选择合适的教材对于确保教学质量和优化学生学习成效显得尤为关键。

汤姆·哈钦森和艾伦·沃特斯提出的评估方法综合考虑了教材的多个方面，包括教学对象、教学内容、教学目的、教学方法以及教学成本。这种全面的评估视角有助于确保教材能全方位地满足教学的需求。迈克尔·布瑞恩与克里斯托夫·坎德林提出了一个两阶段的教材评估指南。第一阶段主要设定教材的预期用途标准，包括教材的主要目的和内容，以及它对学习者和教师的要求。此外，还需考虑教材是否是语言学习的唯一资源。第二阶段则以敏感地应对课堂语言学习需求为中心，评估课堂活动的设计，包括教材是否满足学习者的需求和兴趣，是否适合学习者的学习风格，以及其是否与课堂教学过程保持一致。这种方法强调以学习者为中心，关注学习过程，并适应教学形式的变化。乔·麦克多诺与克里斯托夫·肖的评估细则从外部和内部两个层面进行教材评估。外部评估关注教材封面的广告语、书籍介绍和目录，通过这些信息来评估教材的组织和编排。内部评估则检验这些外部评估因素是否与教材内部内容一致，确保教材的透明度和实用性。

综合比较这些评估标准或原则可以看出，它们从不同的角度为商务英语教材的评估及选择提供了可借鉴的标准和指导原则。然而，由于各国情况不同，教师与学生的文化背景、教学目标和培养目的也各不相同，因此不能简单地照搬这些标准。在对商务英语学科教材进行评估和选择时，应根据具体国情，选择性地借鉴这些标准和原则，以制定适合的选材标准和原则。这样的适应性选择有助于更好地满足教学需求和文化特点，从而提高教学效果。

（二）商务英语教材评估内容

1. 目标与定位

在商务英语教材评估中，目标与定位是核心内容，其包括培养目标、使用对象和课程定位。这些要素共同决定了教材的适用性、针对性和实用性。

培养目标直接影响教材内容的设计与结构。商务英语教材的培养目标通常涵盖了提升学习者的语言能力，并专注于发展其商务沟通技巧，如谈判、陈述、书写报告等。此外，教材还需培养学习者对国际商务环境的适应能力，理解多元文化差异，以及在全球化商业环境中有效交流和操作的能力。使用对象涉及到教材的目标受众，这通常根据学习者的语言水平、学习需求和商务背景来定义。例如，教材可能专为初学者设计，侧重于基本的商务术语和日常商务交流，或者为中高级学习者提供，强调高级语言技能和复杂的商务场景模拟。理解使用对象有助于确保教材内容与学习者的实际需求相匹配，从而提高学习效率和成效。课程定位则是教材如何在整个教学计划中发挥作用的问题。它需要教材不仅要与教学目标和使用对象相匹配，还要与整个教育机构的教育哲学和教学策略相一致。课程定位还涉及到教材是否能够整合不同的学习资源，如在线学习平台、实体书籍和互动模块，以及是否能提供灵活的学习路径以适应不同学习者的节奏和风格。

2. 内容编排

在商务英语教材的评估中，内容编排是确保教材有效性的关键要素。内容编排通常包括内容选材、内容组织以及内容深度，这些方面共同决定了教材是否能满足特定的教学目标和学习者的需求。

内容选材涉及到教材中所包含的教学材料的选择。在商务英语教材中，选材应覆盖必要的商务概念、术语和实践，以及与全球商务环境相关的交流技巧。优良的教材会精心挑选案例研究、实际的商业文档和模拟商务场景，这些都是帮助学习者理解并应用在真实世界中的关键内容。此外，选材还应考虑到文化多样性和国际视角，以培养学习者的跨文化沟通能力。内容组织是指教材中各部分内容如何安排和结构化。有效的内容组织应该能够逻辑清晰，易于学习者理解和记忆。通常，教材会按照由浅入深的方式组织内容，从基本的商务交流技能开始，逐步过渡到更复杂的商务情境和高级交流策略。良好的组织还应包括各个章节之间的明确衔接，以及足够的复习和练习机会，帮助学习者巩固和应用新学的知识。内容深度关注教材处理主题的深入程度。商务英语教材应提供足够的深度，以确保

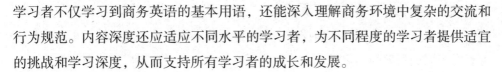

学习者不仅学习到商务英语的基本用语，还能深入理解商务环境中复杂的交流和行为规范。内容深度还应适应不同水平的学习者，为不同程度的学习者提供适宜的挑战和学习深度，从而支持所有学习者的成长和发展。

3. 教学方法

在商务英语教材的评估中，教学方法的考量是至关重要的，这包括教学模式、活动设计和评价方式。这些组成部分直接影响教学的执行效率和学习者的学习效果。

教学模式指的是教材支持或推荐的教学策略和方法。在商务英语教材中，教学模式应当能够促进实用性和互动性，从而帮助学习者更好地理解和应用商务英语。例如，案例研究法可以让学生通过分析真实商务情境来学习决策和策略；角色扮演和模拟练习则帮助学习者在模拟的商务环境中实践语言技能。此外，合作学习模式可能会被引入，鼓励学生通过小组合作来解决问题，增强团队协作的能力。活动设计涉及到教材中包含的具体学习活动。这些活动应该旨在增强学习者的参与度，通过各种形式的互动来加强学习效果。优秀的商务英语教材会包含多样化的活动，如小组讨论、项目作业、演示讲解以及互动式电子学习任务等，这些都是为了适应不同学习风格和增强学习动机。活动设计还应当考虑到灵活性，以适应不同教学环境和资源的可用性。评价方式是教材中对学习成效的评估方法。有效的评价方式应当全面，能够评估学习者在语言技能、专业知识以及软技能（如交流能力和团队协作）方面的进步。商务英语教材常见的评价形式包括传统的笔试、口试，以及实际表现的评估，如项目展示或案例分析报告。此外，教材应提供持续的自我评估工具，帮助学习者了解自己的学习进展，并调整学习策略。

4. 技术支持

在商务英语教材的评估中，技术支持是一个不可忽视的方面，尤其是在当今数字化时代。技术支持包括多媒体资源、网络平台和移动应用等，这些可以增强学习者的学习体验和教学效果。多媒体资源提供了丰富的学习资源，如视频、音频、图像和互动动画等。商务英语教材可以利用多媒体资源来呈现真实的商务情境和案例，提供商务会话的听力练习，或展示商务交流的示范。这些资源不仅能够增加学习的趣味性和吸引力，还可以促进语言的听说能力的提高。网络平台提供了在线学习和交流的平台，可以支持学习者的自主学习和教师的教学管理。教材可以结合网络平台，提供在线课程、作业提交、讨论论坛和实时辅导等功能，以便

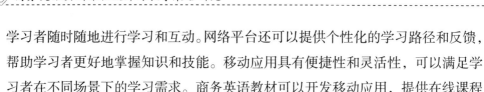

学习者随时随地进行学习和互动。网络平台还可以提供个性化的学习路径和反馈，帮助学习者更好地掌握知识和技能。移动应用具有便捷性和灵活性，可以满足学习者在不同场景下的学习需求。商务英语教材可以开发移动应用，提供在线课程内容的浏览和学习、词汇和语法练习、商务场景模拟等功能。移动应用还可以利用智能化技术，为学习者提供个性化的学习建议和反馈，帮助其更高效地学习。

二、商务英语教材选择原则

在商务英语教材的选择过程中，应该遵循以下六项原则。

（一）实用性原则

商务英语作为一门应用性强的学科，其教学内容和活动应以满足学习者的职业需求为核心，强调实际应用并广泛采用练习以增强实践能力。因此，商务英语教材的内容必须紧密联系实际的商务活动，并具备高度的实用性。这意味着教材中不仅应包含充分的理论知识讲解，还应涵盖对真实商务案例的详细分析。通过这种方式，即便学生在非商务环境中学习，也能够将课堂上获得的知识立即应用到实际场景中，并在实践中不断加深和提升所学知识。商务英语学科是英语语言学、经济学和管理学等多个领域交叉融合的结果。它融合了语言应用学、经济学及管理学的多个学科特点。随着这些相关学科的不断发展，商务英语教材也应及时更新，以反映这些领域的最新研究成果和理论发展。这样的教材设计不仅能够提升学习者的专业能力，还能确保教育内容的前瞻性和时效性，帮助学生在激烈的商务环境中保持竞争力。

（二）针对性原则

英国语言学家哈默提出，评估教材最有效的方法之一是检验其是否能满足学习者的需求。这成为评价教材的基础和出发点。观察现有商务英语教材的情况，一部分教材可能会过分强调理论知识的讲授，导致其课程设置与实际商务操作相脱节；而另一部分教材则可能仅仅浅尝辄止，介绍商务知识过于简略，使得学生难以形成对商务操作的系统理解，从而在实践中缺乏理论的支撑。

特别是在中国，市场经济尚处于发展阶段，大多数商务英语学习者为缺乏实际商务经验的在校学生，他们的商务意识较为薄弱。直接采用国外的商务教材，或者选择不适宜的教材，可能会严重影响学习效果，甚至无法达成商务英语教学的预定目标。商务英语作为一门新兴学科，正处于其发展的初期阶段，教材的选择需要充分考虑教学理论和教学目标，同时要综合学习者的个人条件、学习目的以及学习方式和学时安排等多种因素。

因此，适合中国国情的优秀商务英语教材应当在英语知识传授与商务知识介绍之间做出恰当的平衡。这种教材不仅要提供对商务知识的全面介绍，还应避免内容过于专业化，以免难以理解和应用。只有这样，教材才能真正称得上是优秀的，能够真正满足学习者的需求，促进其在商务英语领域的成长和发展。

（三）知识性原则

商务英语教材的设计和选择必须遵循知识性原则，确保教材不仅服务于语言学习的需求，而且能够充分传授商务领域的实际知识。这种做法对于满足学生在智力和职业准备方面的需求至关重要。

在商务英语教学中，语言不应仅被视为一种交流工具的技能，而应作为传递和理解商务概念的重要载体。通过这种方式，学生能够在学习语言结构和词汇的同时，理解其在商务环境中的实际应用。这种双重学习过程不仅加深了学生对语言的掌握，也增强了他们对商务操作和策略的理解。合适的商务英语教材应广泛覆盖经济学、管理学、市场营销、跨文化交际等领域的基础和应用知识。这样的内容设置帮助学生构建一个跨学科的知识体系，使他们能够从多角度分析和解决商务问题。例如，通过研究不同文化背景下的商务交流案例，学生可以学习如何在全球化的商业环境中有效沟通和操作。

考虑到学生的不同知识背景和学习条件，商务英语教材应采用"通识教育"而非"高、精、深"的教育模式。这意味着教材应具有广泛的覆盖面，语言和内容的难度要适中，确保所有学生都能从中受益。教材中的生词和专业术语应重复出现，以帮助学生在有限的学习时间内熟悉和掌握这些词汇。知识性的教材设计不仅提供必要的学术内容，还应激发学生的学习兴趣和参与度。通过包含实际案例分析、互动讨论和模拟商务环境的活动，教材能够使学习过程更加生动和实际，进而提高学生的学习动力和成效。

（四）交际性原则

商务英语教材设计遵循的交际性原则强调了语言学习与实际商务交流的紧密结合。该原则识别到，在商务环境中，英语不仅仅是一个交流工具，而是学习和掌握基本商务知识的媒介。因此，教材的设计需要突出语言在对外经济贸易和跨文化交际中的应用性。

合理的商务英语教材应该提供一个整体性的学习过程，其中包括系统的语言规则学习和真实商务场景的模拟。这种教学方法不仅涵盖听、说、读、写、译等英语技能，也融入商务知识的传授。通过这种综合方法，学生能够在真实或模拟的商务交流中"在学中练，在练中学"，从而有效地提升他们的实际交际能力。为了增强学生的交际能力，教材中应包含丰富且实用的练习、案例分析和测试题。这些活动能够提供充分的机会让学生讨论、分析和应用商务英语的基础理论。通过处理实际问题，学生可以更好地理解商务概念，并在实践中加强语言技能。所有的练习、案例分析和测试题都应与教材的主要内容有机结合，确保学习活动与教学目标的一致性。题型的设计需要多样化，既包括选择题、填空题，也应有论述题和案例分析，以适应不同的学习风格和评估需求。练习说明应清晰，易于学生理解，练习之间的关系也需要恰当处理，以确保学生能够系统地掌握课程内容。教材应精心选择和设计实际商务情景，如会议交流、商务谈判、市场分析等，使学生能够在学习过程中不断地应用英语与商务知识。这样的实践导向不仅帮助学生更好地理解商务概念，还能提升他们在实际商务环境中的英语应用能力。

（五）趣味性原则

兴趣被誉为学习的最佳驱动力。在商务英语教学中，学习者的兴趣不仅能极大提升他们的学习动力，还与学习成效紧密相关。教材的趣味性，特别是在选择教材课文和内容时的吸引力，对激发学习者的兴趣起着关键作用。因此，商务英语教材在确保知识性的基础上，还必须具备趣味性，使教学内容既丰富又引人入胜。

趣味性主要体现在三个方面：第一，教材的语言表达需要生动活泼，用词新鲜实用，这有助于学生更直观地理解和记忆商务概念和语言表达方式。第二，教材的思想内容要具有启发性，能够激发师生在教学和学习过程中的积极性。第三，现实的经济生活提供了广泛的案例，这些案例不仅涵盖了广泛的商务知识领域，还具有高度的实用价值和趣味性，是教材设计时的宝贵资源。在选择和设计商务英语教材时，必须重视内容的趣味性。如果教材内容单一乏味，学习者可能会逐渐失去学习兴趣和动力，这对教学效果是极为不利的。因此，教材应融入丰富的商务案例、实际对话和互动活动，以保持学习者的兴趣和参与度，从而有效地提高学习效率和成效。通过这样的教材设计，商务英语学习不仅能够提供必要的语言训练和商务知识，还能成为一个令人愉悦和充满挑战的学习过程。

（六）科学性原则

在商务英语教材的设计和选用中，科学性原则是基础，它要求教材内容系统、逻辑性强，保证教学过程的连贯性和有效性。

教材应从浅入深、由简到繁地组织教学内容，确保学习过程中不出现知识点的突跳，以便学生能够逐步建立起知识体系。这种结构安排帮助学生稳固基础，逐步掌握更复杂的商务英语概念和技能。教材中的单元数目和每个单元的长度都应与教学时间安排相匹配，避免因教材内容过多或过少而影响教学质量。教材的内容安排要科学，确保每个教学阶段的目标都能在有限的时间内得到有效达成。教材的格式和编排需要清晰有序，方便师生使用。这包括合理的章节划分、清楚的标识和索引，以及适当的视觉呈现，如图表、图片和示例的使用，这些都能帮助学生更好地理解和记忆教材内容。

现代商务英语教材应当超越传统的纸质教材形式，融合多媒体资源，如音频、视频和互动课件，以及网络学习平台。这些多样化的教学资源可以提供声音、图像和视频等多种信息输入方式，从而丰富学习体验，增强学习效果。立体教材能够提供多角度、多层次的学习支持，更好地适应不同学习者的需求。科学的教材设计还应该包含一个完整的教学体系，涵盖主教材、教师参考书、学习辅助教材、计算机教学课件和网络辅助教学平台等。这种全方位的教学系统不仅促进教学和自学，还包括辅导和评估功能，全面支持学生的学习过程。

三、商务英语教材选用程序

（一）成立评审小组

选择合适的商务英语教材需要系统和科学的方法，首先需成立一个专门的评审小组。这个小组通常由多方面的专家组成，包括商务英语教师、语言学专家、教学设计师、以及行业代表。小组成员应具备相应的专业背景和丰富的实践经验，以确保评审工作的全面性和专业性。小组的主要任务是制定评估标准、组织教材评审、参与专家论证决策，并进行调研征求广泛意见，最终决定教材的选用。

（二）制定评估标准

评审小组需要制定一套科学且全面的评估标准，这些标准应当反映商务英语教材的教学目标和预期成效。评估标准通常包括以下六个方面。

1.教材是否提供准确、更新的商务知识和信息，内容是否贴近实际商务环境。

2.语言是否符合商务英语的标准，是否适合目标学习者的水平。

3.教材的组织是否有助于学习者逐步学习和吸收新知识。

4.教材是否包括多媒体教学材料，如视频、音频和在线资源，以及这些资源的可访问性和互动性。

5.教材内容是否考虑到文化差异，是否适合特定的教学语境。

6.教材是否提供有效的学习评估工具和反馈方式。

（三）组织教材评审

评审过程是核心环节，需要评审小组成员仔细审查每一套候选教材，按照既定的评估标准进行。

首先，从众多教材中筛选出符合基本要求的教材。其次，对筛选后的教材进行深入分析，评估其内容的全面性、准确性、教学逻辑及附加资源等，最后，在实际教学环境中对部分教材进行测试，观察学习者的反应和学习效果。最后，从使用教材的教师和学习者那里收集反馈，了解教材在实际使用中的优势和不足。

（四）专家论证决策

在教材评审完成后，评审小组需要组织一次专家论证会议。在会议中，各方面的专家将基于教材评审的结果和实地测试的反馈，进行深入讨论和分析。这一阶段可能需要多轮的讨论和调整，以确保所选教材最大程度地符合教学需求和学习者的期望。专家论证的决策应当科学、公正、全面，确保教材的选用既符合教学目标，又能激发学习者的兴趣和参与度。

（五）调研征求意见

在专家论证之后，评审小组应进行更广泛的调研，征求更多教师、学生、行业代表甚至家长的意见。这一步骤旨在确保教材的选择不仅是专家意见的反映，也符合更广泛用户群体的实际需要和期望。调研可以通过问卷调查、小组讨论或公开论坛等形式进行，收集的意见将为最终的教材选用提供重要依据。

（六）正式选用教材

整合所有的数据、反馈和专家意见后，评审小组将做出最终决定，选择最合适的商务英语教材正式投入使用。在正式选用教材之前，应确保所有的行政和逻辑步骤得到妥善处理，如版权购买、教材的购买和分发、教师培训等。选定的教材将被纳入教学计划，并在相应的教学周期内使用，同时设置评估点以监测教材的实际效果和学习者的反馈，以便于未来的教材评审和选择。

通过上述细致且系统的程序，可以确保选用的商务英语教材既科学又有效，能够满足教学需求和学习者的期望，为商务英语学习者提供最优质的教学资源。

总之，教材评估和选择是一项至关重要且严谨的任务。俗话说，"无规矩不成方圆"，依靠教师或个人的主观经验而缺乏科学的标准和原则进行教材选择，其结果往往是不理想的。作为一门处于发展初期的新兴学科，商务英语尤其需要基于学科的教学理论、教学目标和学习者需求来制定合理的选材标准和原则。如果忽视这些标准和原则，无论教材的印刷质量多么高，装帧多么精美，内容多么新颖和实用，都不能算作是优质的教材。优秀的教材需要在教学过程中不断接受实践的检验和反馈，以便进行必要的调整和完善。这种动态的优化过程有助于形成教师、教材和学生之间的良好互动关系，实现优势互补。这种协同作用能够有效地发挥教材在商务英语教学中的作用，最大限度地支持教学目标的实现，培养具有扎实专业知识和强大英语交际能力的高素质复合型商务英语人才。

第三节　多媒体技术在商务英语教学中的应用

一、多媒体技术的优势

在当今信息化时代，多媒体技术在商务英语教学中的应用已经成为不可或缺的一部分。其优势不仅仅体现在直观生动的呈现上，还包括信息容量大、交互性强以及便于实时更新等方面。

首先，多媒体技术以其直观生动的呈现方式极大地提升了商务英语教学的效果。通过图像、视频、音频等多种形式的呈现，学生可以更加直观地理解英语知识，并将其融会贯通。例如，通过展示真实商务场景的视频，学生可以更深入地了解商务交流中的语境和表达方式，从而提高其语言运用能力。其次，多媒体技术具有信息容量大的特点，可以帮助教师在有限的课堂时间内传递更多的知识。相比传统的教学方式，多媒体技术可以通过幻灯片、视频等形式呈现更为丰富的内容，使得学生在较短的时间内接触到更多的商务英语知识，提高学习效率。再次，多媒体技术还具有较强的交互性，能够促进学生的参与和互动。通过设计互动式的学习环节，比如在线测验、课堂讨论等，学生可以更积极地参与到学习过程中来，提高学习的主动性和趣味性。与此同时，教师也可以根据学生的反馈及时调整教学内容和方法，更好地满足学生的学习需求。最后，多媒体技术的另一个优势在于其便于实时更新的特点。商务领域的知识更新速度较快，而传统的教材往往难以及时跟进最新的发展。而多媒体技术可以轻松实现内容的更新和修改，教师可以根据最新的商务资讯和实践经验及时更新教学内容，保持教学的时效性和实用性。

二、多媒体在课堂教学中的应用

（一）多媒体课件

多媒体在课堂教学中的应用是一种现代化、高效率的教学方式，可以大大提升学生的学习效果。其中，多媒体课件是应用最为广泛的一种形式，包括演示文稿、教学动画以及视频素材等。通过演示文稿，教师可以将教学内容以图文结合的形式呈现给学生，使得内容更加直观生动。演示文稿可以包括文字、图片、图表等多种元素，可以根据教学需要进行排版和编辑，使得教学内容更加清晰明了。例如，在商务英语教学中，教师可以通过演示文稿展示商务文书的写作格式和注意事项，帮助学生理解和掌握相关知识。利用动画的形式，教师可以生动地展示各种抽象概念和过程，帮助学生更好地理解和记忆知识点。例如，在商务英语教学中，教师可以制作动画来展示商务会议的流程和礼仪，让学生通过视觉和听觉的双重感知更加深入地理解和领会相关知识。收集和利用各种相关视频素材，教师可以为学生提供真实的商务场景和案例，使得学生能够更加直观地感受商务英语的应用场景和实际操作。例如，教师可以播放商务谈判的视频素材，让学生观看并分析其中的交流技巧和策略，从而提高他们的实践能力和应对能力。

（二）多媒体互动

多媒体互动在课堂教学中起到了重要的作用，它通过网络在线互动、语音视频互动以及移动终端互动等形式，促进了师生之间的交流与互动，提高了学习效果和教学质量。

在网络平台上，教师可以与学生进行实时的在线互动，包括在线讨论、答疑解惑等。这种形式的互动突破了时间和空间的限制，使得学生可以在任何时间、任何地点参与到教学活动中来，提高了学习的便利性和灵活性。同时，教师也可以根据学生的反馈及时调整教学内容和方法，更好地满足学生的学习需求。通过语音和视频的交流，学生可以更加直观地感受到教学内容，提高学习的效果。例如，在商务英语教学中，教师可以组织线上商务角色扮演活动，让学生在语音视频的互动中模拟商务场景，提高其语言表达和沟通能力。随着智能手机和平板电脑的普及，学生可以利用移动终端参与到课堂互动中来，例如通过手机应用程序参与到课堂投票、问答等环节。这种形式的互动使得学生可以在课堂之外也能够与教师和同学进行交流和互动，扩展了学习的空间和时间。

（三）虚拟仿真

虚拟仿真是多媒体技术在课堂教学中的另一种重要应用形式，它通过情景模拟、角色扮演以及虚拟实训等方式，帮助学生在虚拟环境中体验和实践真实的商务场景，提升其实践能力和应对能力。

通过情景模拟，教师可以根据真实商务场景设计各种情景，让学生在虚拟环境中体验和应对不同的商务挑战。例如，在商务英语教学中，教师可以设计虚拟商务会议、谈判、电话沟通等情景，让学生扮演不同的角色，从而锻炼其语言表达能力和沟通技巧。利用虚拟仿真，学生可以扮演不同的商务角色，模拟真实的商务交流场景，从而加深对商务英语知识的理解和掌握。例如，学生可以扮演销售经理、客户代表等角色，进行销售演示、客户洽谈等活动，锻炼其商务沟通和谈判技巧。虚拟实训也是虚拟仿真的一种重要形式。通过虚拟实训平台，学生可以在虚拟环境中进行各种商务操作和实践活动，例如撰写商务邮件、制作商务报告等。在虚拟实训中，学生可以通过模拟操作来学习和实践，从而提高其实践能力和技能水平。同时，虚拟实训还可以提供实时反馈和评估，帮助学生及时发现和纠正错误，提高学习效果。

三、商务英语多媒体资源建设与共享

（一）校本资源开发

在商务英语教学中，校本资源的开发对于提高教学质量和学习效果至关重要。其中，课件制作、视频录制和动画设计等是常见的多媒体资源开发方式，它们为教师提供了丰富的教学工具，有助于激发学生的学习兴趣，提升他们的学习体验和理解深度。

通过制作精美的课件，教师可以将丰富的教学内容以图文结合的形式呈现给学生，使得学习过程更加生动和具体。课件制作可以包括文字、图片、图表等多种元素，教师可以根据教学需要精心设计排版，使得教学内容更加清晰易懂。例如，教师可以利用课件制作软件制作商务英语课程的教学 PPT，通过精心设计的幻灯片展示商务场景、案例分析等内容，引导学生深入理解和思考。视频录制是另一种常见的校本资源开发方式。通过录制视频，教师可以展示真实的商务场景和案例，使得学生能够更直观地感受和理解商务英语知识。视频可以包括商务会议、演讲演示、商务交流等内容，通过生动的画面和语言，激发学生的学习兴趣，提高其学习积极性。同时，视频录制也可以留作资料供学生复习和回顾，帮助他们巩固所学知识。教师还可以设计精美的动画，借此将抽象的商务概念和过程以形象化的方式呈现给学生，帮助他们更好地理解和记忆知识点。动画可以包括商务流程、业务操作等内容，通过生动的动画效果，吸引学生的注意力，加深他们对商务英语知识的理解。同时，动画设计也可以增加教学的趣味性和互动性，激发学生的学习兴趣，提高教学效果。

（二）资源共享平台

资源共享平台在商务英语教学中发挥着重要作用，可以促进校内和校际之间的资源共享，同时也可以实现资源的开放共享，提高资源利用效率和教学水平。

1.校内资源共享

校内资源共享是指在同一所学校内部，教师之间共享各自制作的优质教学资源，包括课件、视频、动画等，以建立一个资源共享平台，促进教学资源的共享与交流。这种共享机制对于提升教学质量、节省教师时间和资源、促进教师之间的合作与交流具有重要意义。

校内资源共享平台为教师提供了一个集中管理和共享教学资源的平台。教师可以将自己制作的优质课件、录制的精彩视频和设计的生动动画等资源上传至平台，其他教师可以自由获取和使用这些资源。这种集中管理的方式不仅提高了教学资源的利用效率，还能够避免资源的分散存储和丢失。校内资源共享平台有助于节省教师们重复制作资源的时间和精力。在平台上，教师可以查找到已有的优质资源，不必重新从零开始制作，从而节省了大量的制作时间和精力。这样一来，教师可以将更多的时间和精力投入到教学内容的设计和教学方法的改进中，提高教学质量。校内资源共享平台还能促进教师之间的教学交流和合作。通过共享自己的教学资源，教师们可以分享教学经验、探讨教学方法，互相借鉴和学习，共同提高教学水平。这种教学交流和合作有助于拓展教师们的视野，丰富教学内容，提高教学质量。

2. 校际资源共享

校际资源共享是指不同学校之间教学资源的互相借鉴和共享。通过建立校际资源共享平台，各个学校的教师可以分享和获取其他学校优秀的教学资源，例如精心制作的课件、生动的视频教材等，从而丰富自己的教学内容，提高教学质量。

这种跨校的资源共享机制有助于打破地域限制，让更多的学校和教师受益。不同地区的学校可能在教学资源的制作和应用方面存在差异，有些学校可能拥有丰富的资源，而另一些学校可能缺乏相应的教学素材。通过校际资源共享，学校间可以互相借鉴和补充，使得教学内容更加多样化和丰富化。建立校际资源共享平台也有利于促进全国范围内商务英语教学水平的提高。不同地区的学校可能在商务英语教学方面有着各自的特色和优势，通过资源共享，可以将这些优秀的教学经验和资源进行交流和传播，提高整体教学水平。同时，这也有助于推动商务英语教学的创新和发展，促进教育事业的健康发展。

3. 资源开放共享

资源开放共享是一种开放式的教育资源管理方式，其核心理念在于将教学资源以开放的方式分享给社会各界，从而促进教育资源的公平分配和广泛利用。这种方式的共享，通过将教学资源上传至开放共享平台，使得任何人都可以免费获取和使用这些资源，无论是教师、学生还是其他教育工作者。通过资源开放共享，教育资源可以突破地域和学校的限制，使得优质的教学资源能够被更广泛地利用和分享。教师可以分享自己的教学成果和经验，学生可以获取到丰富多样的学习资料，其他教育工作者也能够从中获得灵感和借鉴。这种开放的共享方式促进了教育资源的流通和共享，有助于提高整个教育系统的效率和质量。资源开放共享也是一种促进教育公平的重要途径。通过免费共享教学资源，可以弥补资源分配不均的问题，让更多的人有机会获取到优质的教育资源，从而促进教育的普及和公平。这种开放的共享方式有助于打破教育资源的壁垒，使得教育资源能够更好地造福社会，推动教育事业的发展。

四、多媒体教学的策略与管理

（一）多媒体教学策略

多媒体教学策略对于提高教学效果和管理教学过程至关重要。其中，教学设计合理化、学习内容模块化以及师生互动个性化是常见的多媒体教学策略。

合理的教学设计应该考虑到学生的学习需求和水平，以及教学内容的难易程度和逻辑关系。在多媒体教学中，教师可以根据学习目标和学生特点，设计生动、具体的教学内容和教学活动，利用多媒体技术呈现课程内容，使得教学过程更加生动和有效。例如，教师可以通过多媒体展示商务案例、实例分析等，引导学生深入思考和讨论，提高他们的学习兴趣和主动性。

将学习内容模块化可以帮助学生更好地理解和掌握知识，提高学习效率。在多媒体教学中，教师可以将教学内容划分为多个模块，每个模块包含一个主题或一个知识点，通过多媒体展示和互动活动，让学生逐步学习和消化知识。例如，教师可以设计不同的多媒体课件或教学视频，针对不同的模块进行教学，使得学习过程更加系统化和有序化。

在教学过程中，教师应该充分尊重和关注每个学生的个性和学习特点，采用个性化的教学方法和策略，激发学生的学习动力和兴趣。通过多媒体技术，教师可以为学生提供个性化的学习资源和学习环境，满足不同学生的学习需求。例如，教师可以利用多媒体教学平台设计个性化的学习任务和评价方式，根据学生的学习情况和反馈及时调整教学策略，使得教学过程更加灵活和有效。

（二）多媒体教学管理

多媒体教学的管理是确保教学过程顺利进行、教学效果得到有效评估和改进的重要环节。其中，资源统一管理、使用过程管控以及效果评估反馈是多媒体教学管理的关键策略。

资源统一管理是多媒体教学管理的基础。教育机构应建立完善的多媒体资源管理系统，统一收集、整理和存储各类教学资源，包括课件、视频、音频、动画等。通过资源统一管理，可以提高资源的利用效率，避免资源的重复制作和浪费，保证教学过程的顺利进行。

在多媒体技术使用过程中，教育机构应制定相关规章制度，明确多媒体教学的使用流程和标准，确保教师和学生能够正确、规范地使用多媒体资源。同时，教育机构还应加强对多媒体教学设备的维护和管理，确保设备的正常运行，减少故障对教学过程的影响。教育机构应建立科学有效的教学评估体系，对多媒体教学的效果进行定期评估和反馈。评估内容可以包括学生学习情况、教学资源的使用情况以及教学效果等方面。通过评估结果，及时发现问题和不足，加以改进和优化，提高教学质量和效果。

第五章　商务英语教学方法与技巧

第一节　交际法在商务英语教学中的应用

一、交际法概述

交际法，也称为功能—意念法或语意—意念法，是一种强调同时发展学生的语言技能和交际能力的教学方法。这种方法的理论基础来源于社会语言学、心理语言学以及乔姆斯基的转换生成语法。交际法的核心特点是重视学生语言交际能力的培养，旨在解决传统教学法中过分强调语言形式而忽视内容，以及侧重语言系统的学习而忽略语言在实际情境中应用的问题。通过这种方法，语言教学更加注重语言的实际交际功能。

（一）交际法的产生及其理论依据

交际法的产生和发展与语言学领域的进步紧密相关，特别是与人类语言学、社会语言学和语用学这些分支的发展有着密切的联系。20 世纪 60 年代兴起的广义功能主义语言学是交际法的直接理论动因。这包括了系统功能语法、社会语言学、语用学、篇章分析理论及跨文化交际学等。这些新兴学科强调了语言的社会功能和使用语言的社会及文化环境，从而使语言学者和教育者开始重新考虑语言的实际使用和它在社会中的功能。

在教学实践中，这些理论的体现是对学生交际能力的重视。交际法认为交际是语言的最基本功能，因此语言学习不仅应注重语言结构、规则和形式的掌握，更应强调语言的社会功能和学习者的实际交际需求。学生不只是学习必要的语言知识，还应学会如何正确且得体地使用语言。此外，语言教学不应仅限于句子层面，而应扩展到篇章为基本单位，反映出学习语言也是一个跨文化的体验过程。这些理论和实践构成了交际语言教学法的核心内容。

交际法的理论基础主要来源于美国社会语言学家海姆斯的"交际能力"理论和英国语言学家韩礼德（Halliday）的功能语言学理论。这两种理论对交际法的形成和发展起到了关键性的作用。

海姆斯（Hymes）提出的交际能力理论是对乔姆斯基（Chomssky）的语言能力概念的扩展。乔姆斯基在批判行为主义语言学之后，强调语言能力是内在的、抽象的知识体系，主要关注语言的结构和生成句子的能力。而海姆斯认为，语言能力不仅仅是抽象的语法结构，更重要的是它的社会功能，即使用语言的实际能力。他定义的交际能力的四个特征：语言的语法性、语言的可接受性、语言的得体性和语言的现实性。后来，Canale 和 Swain 进一步细化这一理论，提出语言学习应涵盖语法、语篇、社会语言学和策略等多个维度。韩礼德的功能语言学则认为语言首先是一个表达意义的体系，而不仅仅是一个产生结构的体系。他的研究强调语言的社会功能，提出语言有三大功能：认知功能，用于获取和提供信息；人际关系功能，用于建立和维护社会关系；以及情景功能，用于连接言语和其语境。韩礼德的这些观点对交际法的形成产生了深远的影响，特别是他关于语言的社会功能的研究，强调了语言教学不应仅仅局限于形式的训练，而应重视语言的实际使用和交际能力的培养。社会语言学的发展，特别是对语言使用和社会因素关系的探索，进一步强化了交际法的理论基础。社会语言学研究揭示了语言运用与社会环境、文化背景、情境等因素的密切关系，这些因素共同决定了语言的适当使用和社会接受度。例如，在社会交往中，语法正确而不得体的使用可能比语法错误更不受欢迎。

交际法在心理学上受到意念论的显著影响。意念论侧重于理解思维作为人类普遍和共有的心理现象，认为尽管不同语言和文化背景的人们使用不同的语言形式，但他们在思维结构和意念范畴上存在共同性。这种理论指出，尽管语言表达方式可能千差万别，人类的基本思维活动却能被划分为有限的、普遍的意念范畴，这些范畴又包含不同的意念项目和更细致的子项。在交际法中，这一心理学理论的应用意味着语言教学可以围绕这些共有的、基本的意念范畴来组织和设计。通过对这些普遍意念的教学，学习者能够更有效地掌握语言的使用，不仅仅是学习语言的表面结构，而是通过理解和应用这些跨文化、基础的思维模式来提高其语言交际能力。例如，意念范畴可以包括时间、空间、量、关系等基本概念，这些概念在不同语言中虽然表达方式不同，但其基本功能和意义是相似的。教学时，通过强调这些基本概念的共通性，教师可以帮助学生理解语言的深层意义和功能，进而更自然地运用语言进行有效交际。

20世纪70年代初，欧洲社会的变迁为交际法的发展提供了重要的社会背景。随着欧洲共同体的成立和西欧国家间交流的增加，语言障碍成为了一个显著问题，影响到了布鲁塞尔机构的运作以及各国之间的有效沟通。为了应对这一挑战，欧洲文化合作委员会开始重视成人的语言学习问题，并专门召开了会议讨论成人外语教学的问题，这些讨论最终促成了欧洲现代语言教学大纲的制订。

在此背景下，一些极具影响力的语言教学思想开始形成，这些思想认为语言教学应当以交际为中心，即语言作为人际交流的工具，外语教学的内容和方法应当围绕交际的目的来设计。这种观点的提出和推广主要得益于一些语言教育专家的努力，特别是英国的威尔金斯（D. A. Wilkins）。他在1972年的第三届国际应用语言学会议上提出了"语法大纲，情景大纲，和意念大纲"的概念，并在后来的《意念大纲》（*Notional Syllabus*）和《交际法语言教学》（*Teaching Language as Communication*）两书中进一步阐述了这些理念。这标志着交际法作为一种教学方法的正式诞生。

交际法的提出和普及，得益于 Wilkins、H. G. Widdowson、C. Brumfit、C. N. Candlin 等人的研究和推广，他们不仅提供了理论基础，还实际影响了教学大纲的制定和语言教学实践的改革。通过将语言视为一种交际工具，这些专家强调了教学内容应从实际交际需求出发，不仅关注语言结构的学习，还重视语言使用的社会和文化背景，从而使外语学习更加贴近实际应用，更有效地服务于社会和个人的实际需求。这种以交际为中心的语言教学方法，逐渐成为影响国际语言教育界的一股重要力量。

（二）交际法的原则

交际法着重于语言的实际应用和交际功能，其教学理念可以概括为三项原则：首先是交际原则，强调真实的交际活动能够促进语言学习；其次是任务原则，即教学活动应设计成有意义的任务形式，通过任务完成来促进语言学习；最后是意义原则，教学内容应对学习者具有意义，以增强学习动机和效果。这些原则的提出反映了对传统语言教学方法的转变，将注意力从语法练习转向了语言实际运用和交际能力的培养。

交际法的教学原则具体表现为强调语言的实际意义和使用，而非仅仅关注语言形式。在教学中，注重的是语言的流畅性而非准确性，学习者被鼓励在实际语境中大胆尝试和使用语言。此外，教学内容的选择应以学生日常生活和工作实际需求为出发点，使学生在学习过程中能够感受到语言的实际用途和意义。

J. C. Richards 和 T. S. Rodgers 进一步概括了交际教学的原则，强调学习者通过语言交际来学习语言，真实的和有意义的交际应该成为课堂活动的目标。同时，他们指出，成功的交际活动需要涉及不同语言技能的协同作用，并强调学习是一个创造性的建构过程，包含对错误的尝试。

（三）交际法的局限性

交际教学法把培养交际能力放在教学的核心位置，但在实践中，这种方法也暴露出一些局限和问题。首先，确定哪些语言功能应纳入教学大纲并没有统一标准，这导致了关于功能项目的选择和排序的争议。其次，编写交际教材时最大的挑战是如何将话题内容、功能和语法结合得无缝对接。再次，理想中语言能力和交际能力应该同步发展，但实际操作中往往偏重某一方面。最后，将教学过程实现完全的交际化是个理想状态，实际执行时可能会牺牲语言的准确性，尤其是基础薄弱的学生难以通过这种方法培养出理想的交际能力。

交际教学法由于强调交际的流畅性，常常忽视了语言的精确性。这种方法通常不主张系统地教授语法，因此语言的系统性和整体功能常被忽略，语法教学只是配合交际需求而随意安排，缺乏系统性和阶段性，某些语法点甚至被完全忽略。20 世纪 70 年代后期，克拉申（Krashen）提出的监控理论对北美的外语教学产生了深远影响。他认为，语法教学在课堂中的作用应该是边缘的，认为这种影响随时间推移将逐渐减弱，认为语法教学对二语能力的发展作用微小。克拉申和后来的施瓦茨（Schwartz）主张，语法应通过大量意义为中心的语言输入被学习者无意识地习得，而不需要显性的语法教学。

如果没有语言能力的基础，如发音、词汇量和句型运用，学生很难使其语言表达达到丰富和得体。语法错误会妨碍有效交际，因此，在教学中完全排斥语法是不恰当的。准确的语言使用可以提高交际能力，而不符合语法规则的语言无法有效传递意义。没有掌握语法知识，就无法深入掌握一种语言，更别提用它来进行有效的交际。此外，缺乏语言结构知识也会影响到从句子到更小语言单位的拆解和结构意义关系的精确理解。

二、交际法在商务英语教学中的应用

（一）交际法与商务英语教学的适配性

外语教学的核心目标是培养能够在多种文化背景中有效交际的人才，这一目标同样适用于商务英语教学。商务英语教学不仅要求学生掌握语言本身，还要求他们具备必要的专业知识和技能，从而能在国际商务环境中有效沟通和操作。因此，商务英语教学的目的是培养具有语言技能和专业能力相结合的复合型涉外交际人才，这种需求反映了当代社会对外语教学的新要求。

在这种背景下，交际法作为一种语言教学理论，因其强调语言交际能力的培养而在当代社会中得到广泛应用和推崇。交际法认为，学习语言的过程应该是实际交际活动的模拟，强调通过真实的交流情境来提升学习者的语言运用能力。这种理论为商务英语教学提供了宝贵的指导原则，因为商务英语更加注重实用性和效果，而交际法恰好提供了培养此类技能的框架和方法。在商务英语教学中实施交际法，意味着教学活动需要设计成能够反映真实商务交流场景的形式，如会议谈判、商业写作、报告制作等，这些都是商务领域常见的交际活动。通过这样的教学方式，不仅可以提高学生的语言能力，还能增强他们的商务交流技巧，使他们能够在未来的职业生涯中更好地应对跨文化的商务环境。

因此我们可以说，交际法的教学原则和实践非常适合指导商务英语的教学。

（二）交际法在商务英语教学中的应用

1. 依据交际法原理，分步实施教学活动

商务英语教学的独特之处在于语言技能与商务专业知识的结合，这要求教师不仅要注重学生语言技能的培养，还需重视商务专业知识的传授。为了有效地组织课堂教学，教师可以采取"分两步走"的方法。

在第一步中，教师以讲解为主，重点介绍商务领域的基本理论、概念、术语和词汇，让学生建立起对商务专业知识的全面理解。在这个环节中，教师应以英语为主要语言，详细解释和阐述专业知识，确保学生能够理解并掌握所学内容。因此，教师不仅需要具备高超的语言技能，还应具备扎实的商务专业素养。第二步则是通过多样化的课堂活动，以学生为中心进行语言和商务技能的训练。这些活动可以包括专题讨论、案例分析、单证制作、模拟洽谈、辩论以及口头和书面翻译等。商务英语是一门强调应用性的学科，因此组织丰富多样的课堂教学活动

不仅是必要的，也是完全可行的。在这一步中，教师应营造商务氛围，确保各项练习在逼真的商务情境中进行，以提高学习效果。这两步之间密切相关，相辅相成。第一步为第二步提供了知识基础和必要条件，而第二步则是第一步的目的和实践归宿。这种"分两步走"的教学方法既充分体现了交际教学法对语言教学的要求，也促进了语言技能与专业知识的有机融合。

2. 遵循交际法的要求，对商务英语专业知识与语言特征的进行深入教学

在商务英语教学中，采用交际法不仅需要加强学生的语言能力，更要培养他们的实际交际技能。由于商务英语课程通常设在英语专业的高年级阶段，学生们已经具备了较为扎实的英语基础，这就意味着教学可以不必再对普通英语知识进行过度讲解。

关键在于，教师需要重视学生在商务专业知识方面的培养，尤其是那些学生在低年级阶段未曾接触过的内容。例如，对于国际商务的基础知识、操作环节和专业术语，学生往往感到陌生和难以掌握。教师应详细讲解相关的商务流程和基本概念，如在国际货物贸易课程中，应全面系统地介绍货物的数量、品质、包装、标记、定价、运输、保险、支付方式、检验程序、索赔和仲裁等，确保这些知识能够在学生心中形成完整的知识体系，并体现在实际的商务文档如国际货物销售合同中。商务英语区别于普通英语的地方在于其用词的规范性、句子结构的严谨性、专业术语和缩略词的使用频率以及法律文体的应用。教师在教学过程中应着重分析这些特点，特别是那些容易与普通英语混淆或难以理解的专业词汇和技术术语。通过详细比较和解释，帮助学生清晰地理解和掌握这些商务英语的独特表达方式。

在商务英语中，频繁使用的专业术语往往蕴含复杂的商业和法律含义，是学习的重点和难点。以《国际贸易术语解释通则》（*Incoterms*）为例，其中的价格术语如 FOB（自船上交货）、CFR（成本加运费）、DAF（边境交货）等，都是以缩略词形式出现的。这些术语具体定义了买卖双方的权利、义务以及风险转移点，是国际贸易合同和实践中的基础。这些术语不仅明确了交易双方的责任范围，也对合同的履行和可能出现的争议提供了处理依据。支付术语如 L/C（信用证）、D/A（承兑交单）、D/P（付款交单）及 T/T（电汇）等，每个术语都详细描述了支付过程的操作规程和适用场景，供交易双方选择和使用。

在商务英语中，甚至一些普通词汇也可能作为专业术语使用，具有特定的商务含义。例如在商务英语中,"offer"通常指的是"报价"而非简单的"提供";"confirm"在某些商务文档中可能表示"保兑";"negotiation"指的往往是"议付",一种特定的银行交易处理方式;而"collection"在这里意味着"托收",一个具体的贸易支付术语。这些词汇在商务环境下的特殊用法,如果没有正确理解和使用,可能会导致误解甚至法律后果。

3. 根据交际教学法的特点,强化学生的商业文化意识

交际教学法注重语言使用的恰当性,这不仅包括语音、语法和词汇的正确运用,还涉及语用规则、交际风格和文化词汇的适当使用,特别是在不同文化背景下的应用。这种教学法的核心是教会学生在各种不同场合中,如何恰当和准确地使用语言,以促进有效的交际。

在商务英语教学中,尤其需要强调商业文化的重要性。商业文化包括了一国人民的经营理念、管理方法、商业心理和价值观等,这些因素在国际商务活动中起着至关重要的作用。不同国家间的商业文化差异可能导致交际障碍,影响商务活动的顺利进行。例如,在一些文化中,直接和坦率可能被视为诚实和效率的表现,而在其他文化中,这种交流方式可能被看作是粗鲁和不尊重。因此,商务英语教学应该包括对不同商业文化的深入理解和分析。教师可以通过案例研究、角色扮演和模拟商务场景等教学活动,帮助学生理解并适应不同的商业文化。这种方法不仅可以增强学生对商业文化差异的敏感性,还可以培养他们在实际商务环境中有效交流和解决文化冲突的能力。例如:

在国际经贸洽谈中,谈判人员的行为和交流方式往往受到个人性格特点、谈判风格、以及各自文化背景中的价值观的影响。这些差异可能导致商业文化冲突,影响谈判的进程和结果。常见的问题是,谈判人员可能会无意识地按照自己文化的标准来判断和反应,而忽视了跨文化的差异性。以中国商务环境为例,中国商务人员有时在见面时会向对方递上一支烟,这在中国文化中通常被看作是表示友好和尊重的一个举动。然而,在许多西方国家,尤其是在欧美,由于健康和社会环境的考虑,公共场合吸烟通常是不被接受的,因此这种行为可能会被视为不礼貌。这就是一个典型的文化误解的例子,它说明了为什么商务人员在国际场合中需要避免单纯依据自己的文化习惯行事,而应当学会识别并适应国际商务环境中的文化差异。为了在国际经贸洽谈中取得成功,商务人员需要对参与谈判的各方文化背景有深入的了解。这包括了解并尊重对方的文化习俗、谈判风格及其价值

观。通过这种文化敏感性，商务人员可以更好地调整自己的行为和谈判策略，以促进谈判的顺利进行，并在过程中建立相互尊重和信任的关系。

在全球化的市场环境中，涉外商业广告设计面临着不同文化背景下消费者需求、消费心理及品味爱好的显著差异。这些差异要求广告设计者不仅要精通市场营销技巧，更需深入理解目标市场的文化背景。特别是对于那些载有浓厚文化色彩的语言和词汇，广告人必须具备敏锐的文化洞察力，以确保广告内容与当地消费者的情感和价值观产生共鸣。例如，在德国，啤酒不仅是一种饮品，它还象征着该国的饮食传统和社交文化。因此，在德国市场上推广一款奶酪产品时，通过展示与啤酒相关的图像或主题，可以有效地吸引消费者的注意力，因为这种呈现方式与他们的生活方式和消费习惯紧密相关。相反，在法国，红葡萄酒因其历史悠久和文化地位而受到推崇，使用红酒作为广告的视觉元素可能更能引起法国消费者的共鸣。

从这些例子可以看出，对异国商业文化的深入了解和教学是商务英语课程中不可或缺的一部分。在全球化日益加深的商业环境中，具备跨文化交流能力的商务专业人士越来越受到重视。因此，商务英语教师应当将教授不同国家之间的商业文化差异作为课程的核心内容。

4. 运用交际法多样化教学手段强化语言与商务技能

传统教学方法往往过分注重对语言结构的学习，而忽略了语言在真实场景中的应用。相比之下，交际法更加平衡，它不仅关注语言的系统学习，还强调语言的实际使用和学生的交际能力培养。这种能力的培养是外语教学的核心目标，也是教学活动的基本依据。特别是在商务英语教学中，培养学生的涉外商务交际能力尤为关键。教师应采用多样化的教学方法和技巧，设计和实施丰富多彩的课堂活动，从而帮助学生在语言技能和商务技能上都有所提高。在具体的教学实践中，教师需要根据教学内容的具体需求，有目的地选择适当的教学工具和方法，组织学生进行各种商务和语言技能的实践训练。具体的策略有以下三种。

（1）课堂辩论

交际法强调通过实际交流场景来提升学生的语言运用和交际能力。在商务英语教学中，这可以通过组织课堂辩论来实现。教师可以设计一系列基于真实商务冲突的案例，如国际贸易中的货物质量争议、交货延误、运输问题、货物保险及支付争端，以及国际投资中关于生产管理、销售和利润分配的纠纷等。在这些辩论活动中，学生需要运用他们所学的知识来分析案例中的问题，并提出可能的解决方案。通常解决商务争端的方法包括协商、调解、仲裁和诉讼。教师可以引导学生探讨这些不同的解决策略，并通过辩论的形式让学生阐述并辩护他们选择的方案的合理性和公正性。教师还可以挑选教材中一些有争议的理论问题，让学生在辩论中表达自己的观点和理解，这不仅有助于深化他们对商务英语理论的理解，也能锻炼他们的批判性思维和表达能力。通过这样的教学方法，学生能在实际的语言使用场景中练习和强化他们的语言技能和商务处理技能，更好地为未来的职业生涯做准备。。

（2）模拟洽谈

模拟洽谈是一种极为有效的教学手段，它不仅能够培养学生的语言技能，还能加强他们在实际商务环境中所需的各项商务技能。为了进行模拟洽谈，教师首先需要选定具体的洽谈主题，这些主题应涵盖国际贸易和国际投资的关键方面，如销售合同的订立、合资经营协议、委托销售协议、专利转让或许可等。这样的主题不仅与学生将来可能面对的实际业务场景贴近，而且涉及到的法律、经济和文化层面的知识也能极大地丰富学生的学习体验。教师将学生分成几个小组，并为每个小组分配具体的角色，如"外方代表""中方代表""翻译"和"法律顾问"。这种角色扮演的方法使学生能够从不同的角度体验和理解商务洽谈的复杂性和挑战性。在模拟洽谈的过程中，学生需要运用他们的语言技能来表达和沟通，同时也需利用他们对商务策略和国际法规的了解来进行谈判，解决可能出现的各种问题。通过这种互动式和参与式的学习方法，学生不仅能够在安全的教室环境中犯错并从中学习，还能在实际操作中加深对商业理论的理解，并培养解决实际问题的能力。此外，模拟洽谈还能帮助学生提高跨文化交际的能力，理解不同文化背景下的商业行为和交际风格，为他们将来在全球化商业环境中的成功奠定基础。

（3）校外实训

商务英语类课程的教学不应局限于课堂教学，通过与企业、海关、商检局、港务局及银行等单位建立合作关系，教师可以为学生提供宝贵的现场观摩、考察和实习机会。这些实际的商业环境不仅能让学生将课堂上学到的理论知识与实际操作相结合，还能深入理解商务流程和专业实践。鼓励学生参加贸易洽谈会和展销会等活动也是非常有益的。这类活动不仅能够提供一个与国际商人直接交流的机会，还能让学生在实际的商务谈判中观察和学习，如何运用语言技巧和商务策略来达成交易。通过这些活动，学生能够获得实际的语言应用经验，并在真实的商务环境中测试和提高自己的交际能力。

总之，交际教学法，作为一种重视语言实际应用的教学方法，在商务英语教学中显示出其独特的优势。通过实际的语言使用场景，这种方法不仅能有效提升课堂教学的效果，还能活跃课堂氛围，激发学生的学习兴趣，促进师生之间的交流。

第二节　任务型教学的设计与实施

一、任务型教学概述

任务型教学法起源于20世纪80年代的外语教学和第二语言习得领域的研究。这种教学法的核心理念是将语言学习与实际使用紧密结合，通过完成一系列真实的生活、学习或工作任务，帮助学生实际运用英语。在任务型教学中，任务不仅是学习活动的核心，也是推动学习的主要动力。在这种教学模式下，教学活动是围绕具体的任务设计的，学生需要通过听、说、读、写、译等语言活动来完成这些任务。这样的教学过程不仅帮助学生将语言知识和技能综合运用，还能在实际语言使用中发展和强化这些技能。任务型教学法强调学生为学习的中心，教师的角色是从学生的学习需求出发，设计和组织各种教学活动，使学生在完成任务的过程中自然而然地提高语言应用能力。这种以任务为核心的教学方法，使课堂教学目标更加具体化和实践化，极大地提升了教学的有效性和学生的学习兴趣。通过实际操作和任务完成，学生能够在真实或仿真的语境中，逐步培养和提升使用语言解决问题的能力。

（一）任务

任务型教学法是一种以学生为中心的教学方法，它主要通过设定具体的"任务"来推动语言学习。在这种方法中，"任务"被定义为一种课堂交际活动，指导学生在学习目的语的过程中领悟、使用、输出语言和进行互动。任务的核心目的是让学生在完成任务的过程中，实际运用目的语进行理解和交流。

任务的特点包括以下三点。

（1）以意义为中心：任务强调语言的实际使用，而非仅仅关注语法或结构。

（2）以解决交际问题为焦点：任务设计围绕解决特定的交际问题，如请求信息、解决误解、表达意见等。

（3）任务完成的结果是评估成功的标志：例如，如果任务要求学生"分类以下商业产品"，成功的分类则表明任务达成。

在任务型教学设计中，任务通常由以下五个部分组成。

（1）教学目标：旨在提升学生的语言交际能力，包括语法正确性、社会语言能力、语篇能力和策略能力。

（2）输入：设计任务所需的资料，可以来自课本、报刊、影视作品、音乐等多种媒介。

（3）活动：教师布置的具体任务，如小组讨论、角色扮演或项目研究。

（4）师生角色：学生作为主要的交际者，负责信息的沟通并享有学习的自主性。教师则扮演促进者、组织者和监控者的角色，有时也参与为学生的"伙伴"。

（5）环境：涉及课堂教学的组织形式，包括个人作业、小组合作等，以及任务的时间分配和执行的环境设置。

任务型教学法已在全球多国广泛采用，被认为是一种先进、有效且能充分体现语言实际价值的教学方法。它不仅帮助学生提高语言能力，还培养了他们解决实际问题的能力，使语言学习与实际应用紧密结合。

（二）任务型教学的步骤

基于英国语言学家简·威利斯（Jane Willis）（1996）提出的理论框架，任务型教学主要包括三个阶段：前任务、任务环和后任务。

1. 前任务阶段

在前任务阶段，教师的角色是引导者和知识的提供者。教师需要明确介绍即将进行的任务，包括任务的目的、要求及相关的背景知识，确保学生对所要完成的工作有清晰的理解。这一阶段的关键是准备学生完成任务所需的语言能力和专业知识，同时激发学生的兴趣，为他们投身于实际任务中做好准备。例如，如果任务是进行一次模拟的商业谈判，教师可能需要介绍相关的商业词汇、谈判技巧和文化注意事项。

2. 任务环阶段

在任务环阶段，学生活跃参与是关键。学生可以单独、成对或小组形式完成具体任务。通过实际操作，学生运用所学语言知识解决实际问题，如进行角色扮演、项目策划或问题解决等。完成任务后，小组通常需要向全班报告其任务完成

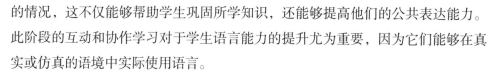

的情况，这不仅能够帮助学生巩固所学知识，还能够提高他们的公共表达能力。此阶段的互动和协作学习对于学生语言能力的提升尤为重要，因为它们能够在真实或仿真的语境中实际使用语言。

3. 后任务阶段

后任务阶段主要包括分析和操练两部分。学生在教师的指导下，分析和评价自己及其他组在任务执行中的表现，识别优点和需要改进的地方。这一阶段，教师引导学生进行深入的反思和讨论，有助于学生从同伴的表现中学习。同时，教师会针对任务中出现的语言难点进行专项操练，帮助学生克服学习中的障碍，提高语言准确性和流畅性。

二、商务英语任务型教学的设计与实施

（一）商务英语的教学要求

由于商务英语课程属于特殊用途英语（ESP）范畴，其教学要求与一般的通用英语（EGP）课程的教学要求有所不同，这就使得我们应用任务型教学的具体过程和步骤也不尽完全相同。ESP课程教学要求目标明确、针对性强，其课程设计的精髓就在于目标需要分析。因此，ESP课程的老师在运用任务型教学之前，要首先了解学习者的目的和动机，分析学习者将来使用英语的情况，找出他们在交际过程中所需要的语言知识和技能，然后有针对性地设计任务，组织教学。笔者所教的商务英语课程就要求老师在比较系统地介绍商务知识、帮助学生了解和熟悉商务环境的同时，更要侧重于进一步巩固并提高学生在基础英语阶段所学到的语言知识和听、说、读、写、译的技能，并结合具体的商务内容，有针对性地扩大词汇量，培养学习者阅读理解有关商务材料的能力并最终能熟练运用商务英语进行商务活动的教学目标。

（二）商务英语任务型教学的原则

商务英语任务型教学应遵循以下三个原则。

1. 真实性原则

教师在设计任务时应提供真实、实际的语言信息，这意味着所使用的材料、对话或案例应尽可能地反映真实世界中的商务环境。例如，使用实际的商务会议记录、商务合同、市场分析报告或是客户沟通邮件等作为教学材料。这些材料不仅提供了真实的语言环境，也让学生能够接触到商务领域中常用的术语和表达方

式。任务设计应符合语言在商务领域中的实际功能。教师需要创建或模拟真实的商务情景，如谈判、演讲、报告、会议等，让学生在完成任务的过程中，能够实际运用语言完成特定的商务功能。例如，设计一个任务让学生模拟国际贸易谈判，学生需要使用英语讨论合同条款、价格、交货时间等，这样的任务既具有挑战性也高度实用。语言表达应尽可能自然，避免过度简化或人为构造的语言形式。这要求教师在设计任务时，选择或创造的对话和文本应贴近商务人士的真实交流方式。这不仅帮助学生学习到适当和专业的表达方式，也能让他们更好地理解并适应真实商务环境中的语言需求。

2.语言形式和语言功能相结合原则

教师需要确保学生理解语言的形式（如语法、句式结构、词汇等）与功能（如请求信息、议价、提供意见等）。在商务英语的环境中，语言功能尤为重要，因为商务交流往往围绕着特定的目的进行，如说服客户、协商合同、汇报进展等。教师设计的任务应该是综合性的，既考验学生对语言形式的掌握，也考验他们运用语言完成特定功能的能力。例如，可以要求学生准备一个产品的销售演示，这不仅需要正确使用专业词汇和恰当的语法结构，也需要有效地进行说服和展示，这样的任务能够帮助学生理解如何在具体语境中应用语言知识。任务执行过程中，学生应使用交际性语言，即那些能够在真实商务情境下自然发生的、有目的的交流方式。教师应指导学生如何在说话或写作时保持语言的流畅性、完整性和正确性。这不仅涉及语言的准确性，还包括语言的适时性和适切性——比如在正式商务报告中使用正式语言，在非正式的内部会议中使用较为随和的语言。

3.多样性原则

在设计任务型教学活动时，确保活动的多样性和分层次的设计至关重要，以适应不同学习风格、兴趣和能力水平的学生。这种方法不仅可以激发所有学生的参与度，还有助于提高他们的学习效率和动机。例如，通过引入小组讨论、角色扮演、项目制作和案例研究等不同类型的活动，学生可以选择最符合自身学习偏好的方式，这样不仅可以增加他们的参与感，还可以通过多样化的教学方式满足不同学生的需求。为了进一步优化教学效果，任务的设计需要明确分层，根据学生的能力从简单到复杂逐渐递增难度。这种分层次的设计可以帮助初学者从理解基本概念开始，逐渐过渡到更复杂的应用和分析。对于更高能力的学生，则可以设计更具挑战性的任务，如高级问题解决或批判性思考活动，以促进他们的深入学习和技能提升。给予学生个体活动的时间和空间使学生有机会自我反思，独立解决问题，同时也培养了他们的自主学习能力。通过平衡集体活动和个体工作，学生不仅可以在团队中学习合作与沟通技巧，还可以在个人探索中强化自我管理和自我激励的能力。

（三）任务型教学在商务英语教学中的过程

根据所使用教材的具体内容，任务型教学可以细化为以下六个阶段。

1. 基础知识铺垫

在教学的起始阶段，教师首先向学生简要介绍章节的主要内容，以及相关的概念、术语和基础知识。这一阶段的目的是为学生即将面对的任务提供必要的理论支撑，确保他们有足够的背景信息来理解和处理即将展开的学习任务。

2. 前期任务导入

在基础知识铺垫后，教师将引入一个与日常生活紧密相关的话题，作为引入具体学习任务的桥梁。通过将学习内容与学生的现实经验联系起来，这一阶段旨在激发学生的兴趣和好奇心，为深入探索课程内容做好准备。

3. 学生自主学习

在对任务有了兴趣和基本的理解后，学生将进入自主学习阶段。在这一阶段，学生需要主动阅读教材和其他相关资料，自行探索与任务相关的信息。教师在此过程中扮演的角色转变为学习的设计者和协助者，提供必要的支持和引导，但主要让学生自主地完成学习任务。这不仅增强了学生的自主学习能力，还帮助他们培养解决问题的技能。

4. 分组学习讨论

在学生掌握了相关的专业术语和背景知识之后，通过小组讨论、配对练习、角色扮演和正反方辩论等活动，学生可以更加自如地运用目标语言来完成具体任务。这种方法不仅使学生在小组内有更多机会主动参与讨论，还有效地避免了课堂上活跃学生和被动学生之间的不平衡。在此环节中，教师应注重学生参与的过程和任务的完成质量，而非严格纠正每一个语言形式和语法的错误，鼓励学生通过实际运用语言来提高其交际能力。此外，教师还应对学生完成任务的效果进行评估，指导学生有意识地培养自己的商务意识、跨文化意识以及决策能力。

5. 真实语料点评

随着多媒体技术和网络的发展，教师现在可以轻松地为学生提供包含视频、音频、图像和文字的真实语料。利用这些材料，学生可以将所学的专业知识应用于分析和点评真实案例，这不仅增强了他们将理论与实践结合的能力，还提高了解决问题的技能。真实语料点评是任务型教学中极受学生欢迎的环节，因为它直接展示了学习内容的实用性，让学生感受到学习的即时价值。

6. 书面汇报总结

在任务执行和完成的过程中，学生会频繁自然地使用目标语言，有时会出现"中式英语"的现象。虽然在前面的讨论和点评环节中鼓励学生用目的语进行交流，但为了确保不在关注意义的同时忽视语言形式的正确性，教师应要求学生在任务完成后提交一份书面汇报总结。这一环节旨在帮助学生系统地复习和整理所学知识，同时通过书面语的规范练习，引导学生逐步纠正"中式英语"，过渡到商务环境中的标准英语使用。

（四）几种典型的任务型商务英语教学课堂设计

在商务英语教学中，采用任务型教学法能够有效提高学生的语言交际能力和解决实际问题的能力。通过设计多样化的教学任务，教师可以激发学生的学习热情和创造性思维，同时使课堂气氛更加活跃。

1. 名片 / 地图式

在商务接待礼仪的教学中，设计一个任务让学生创建自己的名片，这不仅帮助学生学习如何制作专业的名片，还能让他们理解并运用与职业身份相关的词汇和格式。在教授如何赶赴商务应酬的课程时，要求学生绘制一幅地图，标出从居住地到目的地的路线，并编排一段相关对话，这有助于学生实际应用地理和方向相关的语言，并在模拟真实情境中使用目标语言。

2. 竞赛式

在学习特定词汇如银行业务术语后，通过组织形式多样的竞赛，如猜单词游戏或词汇接龙，可以增强学生的记忆和对词汇的实际应用能力。这种竞赛式学习不仅增加了学习的趣味性，还提高了学生的参与度和竞争意识。

3. 辩论式

在商务谈判的教学中，设计辩论活动如讨论"两个跨国公司最佳合作方式"等话题，可以让学生分成正反两方进行辩论。这种活动强化了学生的批判性思维和逻辑表达能力，同时也训练学生如何在商务环境中展示自己的观点和听取对方的意见。

4. 表格式

要求学生在学习了公司的人事和组织结构后，收集资料并使用表格形式来构建如微软（Microsoft）等大公司的组织结构档案。这种任务帮助学生理解复杂的组织层级和职能部门，同时培养他们的信息整理和数据表达能力。

5. 对话式

通过查看相关商务场景的图片，让学生编排对话并进行角色扮演，可以提高学生的语言实际应用能力和即兴反应能力。这种活动也帮助学生在模拟真实商务交流情境中更自然地使用语言。

6. 写作式

在学习外贸函电的基础上，让学生按照给定条件和格式，分组撰写一封致某外资公司的询盘信。通过这种写作练习，学生可以实际应用书信格式和专业术语，同时这也是对学生综合运用语言知识的一种测试。

这些教学方法不仅能够提升学生的语言能力，还能增强他们在商务环境中的实际操作能力。教师可以根据学生的具体需求和兴趣，进一步开发和改进这些方法，并可以将任务扩展到课堂之外，组织各种课外活动，使学生在更广泛的社交和专业场合中应用所学知识，从而实现知识的深化和综合能力的提高。

三、任务型教学在商务英语教学中的注意事项

近年来，任务型教学法在我国已经被广泛认可为先进的语言教学模式，许多英语教师无论是在基础教育还是在高等教育层面，都在积极学习和实践这一理论，并在实际教学中取得了显著成效。然而，尽管如此，任务型语言教学在商务英语的应用中仍存在一些误区和偏差，特别是在任务设计方面。

1. 缺乏信息差

在理想的任务型教学中，设计有效的任务是关键，这些任务应该具备一定的"信息差"。信息差可以是知识、能力、技能、信息或文化差异等形式。这种差异促使学生在完成任务时必须通过学习新的内容或发展新的技能来弥补这一差距。例如，如果一个任务设计要求学生在不熟悉的城市中找到一个特定地点，如邮局，理想情况下，应该设置这样的场景：一位学生知道邮局的位置，而另一位不知道，后者需要使用目标语言与前者交流以获取信息。这种设置可以有效地促进学生之间的交流和语言实践，从而实现语言的交际功能。在许多课堂上，我们

发现教师在布置任务时往往忽略了创造信息差的重要性。例如，在一个所有学生都已熟悉的地图上寻找邮局，这样的任务不会促使学生之间进行必要的语言交流，因为每位学生都已经拥有完成任务所需的全部信息。这种类型的任务实际上只是对语言形式的机械操练，而没有实现语言学习中的交际性目标。为了提高任务型教学的效果，教师应该在选择阅读材料和设计任务时考虑到适当超越学生现有水平的重要性，确保任务的信息差足够大，从而真正激发学生通过目标语言进行意义协商和交流的需求。这样不仅可以增强学生的语言能力，还能有效提升他们在实际商务环境中应用语言解决问题的能力。

2. 任务设计缺乏真实性

真实性被忽视导致学生无法在真实的语境中有效学习和使用语言。为了使教学活动更贴近真实生活，教师需要设计与实际生活紧密相连的任务，从而提高学生的语言实际应用能力。例如，在商务英语教学中，可以引入模拟公司会议、客户谈判、市场分析报告等任务，这些都是商业领域中常见的实际活动。通过这样的设计，学生不仅能够在实际语境中使用英语，还能够加深对商务概念的理解。

有效的任务设计还应当注重过程的评估，而不仅仅是结果。在商务英语教学中，任务不仅要关注最终成果，还要对学习过程进行细致评估。在任务的前期，教师应当尽可能地激活学生的相关背景知识，以确保他们有足够的信息和理解去应对即将到来的挑战。同时，任务内容和形式应真实可行，教师可以设置由浅入深的问题，帮助学生逐步构建知识框架，增强他们的信息处理和分析能力。

为了进一步提升任务的真实性，教师应该鼓励学生带着具体问题去阅读材料，明确他们的学习目标，并通过设置适当的难度梯度，促使学生积极参与讨论和互动。这种互动不仅促进了学生之间的交流，还激发了他们的英语思维能力和创新能力。最后，为了确保学生能够将所学知识应用于实际生活，教学活动不应局限于课堂内，而应扩展到课堂外的实际学习和生活场景中，如通过实地访问企业、参与真实的商务会议等活动，来培养学生在真实生活中运用英语的能力。通过这样的综合性教学设计，学生能够在完成具体任务的同时，真正提升他们的语言实用性和交际能力。

3. 解决任务的策略传统化、单一化

在任务型语言教学中，解决学生面临的策略传统化和单一化的问题是至关重要的。学生们经常遇到的困难包括在语言表达时由于缺乏词汇或过分担心语法正

确性而导致的不流畅，以及通常将语言知识等同于交际能力的误解。许多学生在课堂上回答问题时，可能因为词汇不足或心理障碍而选择简短回答或回避答案，这样的行为减弱了他们的交际能力和语言运用的实践。学生的学习兴趣不高，甚至出现厌学情绪，这往往源于以下三个主要原因：（1）专业知识的基础不够扎实，影响了他们理解和运用专业术语的能力；（2）传统的学习方式导致学生缺乏问题分析的逻辑思维能力，过分依赖教师的讲解，习惯于被动接受知识而非主动探索；（3）基础语言知识不牢固，如词汇量有限，特别是缺乏专业术语的积累，使得学生在阅读中遇到障碍。为了有效解决这些问题，任务型教学应当鼓励学生采用多样化的学习策略，并从真实的语言使用场景中获取学习动力。教师可以设计一系列真实、具有挑战性的任务，促使学生在完成这些任务的过程中发展独立思考能力和解决问题的能力。通过这种方式，学生不仅能够将语言知识与实际应用相结合，还能通过主动探索和实践来提高自己的语言能力。例如，通过角色扮演、模拟商务谈判、项目呈现等活动，学生可以在更加开放和互动的环境中学习和使用英语。

任务型教学的目的是要帮助学生克服学习中的被动态度，将被动接受转变为主动探索，通过实际操作和交流来深化对语言的理解和应用。教师的角色应从知识的传授者转变为学习的引导者和支持者，提供必要的资源和指导，帮助学生在充满挑战的任务中找到学习的意义和乐趣。这种教学方法不仅能够激发学生的学习兴趣和热情，还有利于培养他们的语言能力和综合思考分析能力。

第三节　合作学习与案例分析法在商务英语教学中的运用

一、合作学习在商务英语教学中的运用

（一）合作学习教学

合作学习教学是一种在教育领域中广泛应用的教学策略，它强调小组内成员之间的合作与相互依赖，旨在通过集体努力提高整个团队的学习成果。合作学习最初在 20 世纪 70 年代的美国作为反种族隔离的教育策略而兴起。这种策略的目的是为了让来自不同种族、阶级、性别的学生在教育过程中拥有平等的学习机会，通过共同利用教育资源来提升学习效果。到了 20 世纪 80 年代中后期，这种

教学方法被广泛应用于各级教育体系中，它不仅改善了教学氛围，而且显著提升了学生的学业成绩，并且促进了学生在非智力因素方面的提高，如社交技能、团队协作能力等。合作学习主要是通过小组内成员的分工与协作来实现教学目标。在这种模式下，每个学生都有其独特的角色和责任，他们需要共同协作，利用各自的强项来完成团队任务。整个小组的成绩通常作为评价标准，而不是单个成员的表现。

合作学习的有效实施基于以下五个核心要素。

（1）团队成员之间需要形成一种正面的依赖关系，意味着一个成员的成功帮助整个团队向前发展，团队的每一个成员都在为共同的目标努力。

（2）每位成员都对团队的最终成果承担责任。这要求每个人都必须负起自己的部分，确保团队能够成功实现目标。

（3）团队内部的直接交流是促进理解和协作的关键。通过面对面的讨论和交换意见，团队成员可以更好地理解彼此的想法和观点。

（4）合作学习要求学生不仅学习学科知识，还需要掌握如何高效合作的技能，包括沟通、冲突解决和协调等。

（5）团队需要定期进行自我评估，反思和评价自己的合作过程和结果，以便不断改进和提高团队效率。

（二）合作学习教学对商务英语教学的促进作用

合作学习教学模式在商务英语教学中具有显著的促进作用，尤其是在培养学生实际沟通能力、团队协作技能以及解决商业问题的能力方面。这种教学策略通过鼓励学生在小组内部合作，来模拟真实的商务环境，从而增强学习效果。

1. 合作学习在商务英语课程中的应用有助于提高学生的语言实际运用能力

在小组互动中，学生必须使用英语来交流意见、策划项目和解决问题，这种语言的实际使用远比传统的课堂讲授模式更能激发学生的语言运用能力。通过不断的实践，学生的听说能力得到显著提高，同时也能够在实际交流中更加自然地使用专业术语。

2. 合作学习模式强调小组成员间的相互依赖和协作

商务环境通常要求人们在团队中工作，解决复杂的问题。在小组学习过程中，学生们不仅要完成语言学习任务，还要共同讨论和解决商业案例研究中的问题，如市场营销策略或商业谈判情景。这种团队工作经验有助于学生未来在商务环境中更好地融入和发挥作用。

3. 合作学习通过团队竞赛和共同目标的设置，有效提高了学生的学习动机

商务英语教学中常见的项目包括模拟公司的运营、产品推广计划或国际市场分析等，这些都需要团队合作来完成。在竞争和合作的双重激励下，学生更容易投入到学习中，从而提高学习效率和成果。

4. 合作学习还培养了学生的自我评估和反思能力

在商务英语教学中，小组项目通常需要在完成后进行评估和展示。学生们需要自我评价团队的表现，讨论改进策略。这不仅增强了学生对商业概念的理解，也提高了他们对自己语言和团队技能的自我认知。

（三）商务谈判教学中的合作学习教学设计

1. 合理分组

在合作学习的教学环境中，教师在分组时采用"同组异质，异组同质"的原则进行学生分组。这种分组方法不仅有助于优化小组成员之间的互动，还能有效促进整个班级在竞争与合作中的平衡和公平。

同组异质的分组原则意味着每个小组内的成员具有不同的能力水平、语言技能和交际能力。一般情况下，每个小组由六名学生组成，包括高、中、低水平的学生各两名，同时考虑到性别比例和成员之间的兼容性。这样的分组策略有助于学生从不同背景和能力水平的同伴中学习和借鉴。例如，能力较强的学生可以通过教授和帮助他人来巩固自己的知识和技能，而能力较弱的学生则有机会接触到不同的解决问题的方法和思考角度，从而促进个人能力的提升。这种内部多样性还可以激发小组内的创意和创新，因为不同的观点和经验会在小组讨论中碰撞，产生新的解决方案。

异组同质的分组原则确保了各个小组在能力水平上的均衡，从而使得整个班级中的各个小组能够在相对平等的基础上进行公平竞争。这种均衡有助于防止任何一个小组在活动中过度主导或被边缘化，保证了教学活动的整体效果和学生的全面发展。公平的竞争环境不仅提升学生的参与感和归属感，而且鼓励他们在团队中更加积极地贡献自己的力量。

设置组长的做法可以加强小组的组织结构，组长通常负责协调小组内的活动和沟通，确保任务的有效执行。这种角色的设立还有助于培养学生的领导能力和责任感，为他们日后在职业生涯中承担更多重要角色做好准备。

2. 实施互动的学习活动

在合作学习中，活动的设计是核心，它必须能够让学生通过实际操作来学习和提高技能。在商务英语的教学环境中，这些活动主要包括模拟活动、案例研究和项目工作。这些活动的目标是确保学生能在实际和模拟的商业环境中应用语言和业务知识，从而提高他们的实际应用能力和团队协作技能。

模拟活动如模拟会议、谈判和销售演示等，是让学生在控制的环境中尝试并练习商务交流技巧的有效方式。例如，在一个模拟谈判中，学生可以扮演不同的角色，比如买方、卖方、中介等，通过这种方式，学生能够练习谈判技巧、说服策略以及如何在压力下进行有效沟通。案例研究涉及到分析真实的商业问题，学生需要在小组内讨论问题，共同思考并提出解决方案。这种类型的活动帮助学生理解理论与实际应用之间的联系，提高他们的分析能力和决策能力。通过这种深入讨论，学生能够从不同角度看问题，这不仅增强了团队内的交流，也锻炼了他们的批判性思维。项目工作通常是时间跨度较长的任务，如市场调查或新产品推广计划。这类项目要求学生团队合作，从项目规划到执行，每个阶段都需要团队成员的密切协作和各自的贡献。这不仅提高了学生的项目管理能力，也强化了他们在实际工作环境中应用语言和商务知识的能力。

在整个合作学习过程中，教师的角色主要是作为指导者和监督者。教师需要定期检查每个小组的进展情况，以确保所有学生都能积极参与并从中受益。这包括提供必要的支持和资源，解决学生在学习过程中遇到的困难，以及确保项目按照既定计划前进。此外，教师还应引导学生进行反思，帮助他们识别在合作过程中的成功之处和改进空间，这样不仅能优化他们当前的学习策略，还能为将来的学习和工作提供指导。

3. 评价反思

在合作学习的商务英语教学中，评价和反思是不可或缺的环节，它有助于学生和教师识别学习过程中的成就和不足，从而持续改进教学和学习策略。这一环节通常包括三个步骤：小组自评、观众评价和教师点评。这些步骤共同构成了一个全面的评价系统，使学生能够从多个角度接受反馈，增强学习效果。

（1）小组自评

这是评价反思环节的第一步。在完成特定的活动如模拟谈判后，每个小组成员都应参与到自评过程中。通常，每组会选派一名代表或由组长来总结本次活动的得失，分析小组是否达到了预设的学习目标，以及在未来的学习中应吸取哪些教训。这种自评鼓励学生进行自我反思，识别自己的强项和弱点，同时也促使他们思考如何在下一次活动中改进。小组自评是自我管理和自我提升的重要过程，有助于增强学生的自主学习能力和团队内部的沟通。

（2）观众评价

在小组自评之后，其他未参与当前项目的学生（观众）将提供他们的观点和评价。这些观众可能是同班的其他小组成员，他们的任务是从旁观者的角度对进行中的模拟活动进行评价。观众评价可以提供新的视角，帮助执行小组看到他们可能忽视的问题。此外，这种评价方式也促进了整个班级的互动和参与，使所有学生都能从每一次模拟活动中学习。

（3）教师点评

教师点评是评价反思环节中最关键的部分。教师不仅要指出每个小组在模拟谈判中的优点和缺点，还要从整体上分析谈判的过程是否充分体现了课程目标和所学知识。教师的反馈应该具体而富有洞察力，能够帮助学生识别谈判中的关键点和难点。此外，教师还需要对学生普遍存在的问题和错误进行及时指出和纠正，确保学生在未来的学习中能避免重复同样的错误。

通过这样一个多层次的评价和反思过程，学生能够在实际应用中深化对商务英语及其在商业环境中应用的理解。同时，这种综合评价方式还能够促进学生的批判性思维能力，为他们未来在复杂商务环境中的沟通和协商打下坚实的基础。

（四）完善合作学习教学在商务英语教学中的几点建议

合作学习在商务英语教学中的成功实施对于学生的语言能力和职业技能的提升至关重要。以下是三点建议，旨在帮助教师更有效地运用这一教学策略，以确保学生能在模拟的商务环境中最大限度地学习和成长。

1. 提供专门平台，尽量模仿真实环境

商务英语教学的核心在于提供尽可能贴近实际的学习体验。创建或利用专门的学习平台，可以极大地增强这一体验。这种平台应该能模拟真实的商业环境，包括办公软件、在线会议系统和电子商务平台等。例如，可以使用互联网工具来模拟在线商务会议，让学生在其中扮演不同的商务角色进行交流和谈判。此外，模拟股市软件或实时数据流可以用于财经英语教学，让学生体验实时分析和决策的过程。

平台的选择和设计应确保学生能够在使用过程中遇到并解决实际问题，如通过模拟电子邮件交换进行商务沟通，或在模拟的商业网络环境中进行项目管理和团队协作。这种实践中的学习可以极大地提高学生的语言实用能力和商业理解力，使他们更好地为将来的职业生涯做准备。

2. 任务布置要合理

任务必须既能激发学生的学习兴趣，又能与他们的能力水平相匹配。在商务英语课程中，教师应设计各种各样的任务，如市场调研、产品设计、商业计划书的编写及演示等，这些任务都应该紧密结合课程目标。

为确保任务的实用性和教育效果，教师需要精心设计每个项目的细节，明确任务的目标、期望的成果以及评估标准。此外，任务的分配应该考虑到学生的前期知识和技能，避免给学生设置难度过高或过低的任务，以免影响学习动力和效果。教师可以通过预先的技能评估来更好地理解学生的需求，并据此调整教学计划和任务难度。

3. 教师角色要到位

在合作学习中，教师的角色从传统的知识传授者转变为指导者、协调者和评估者。教师需要积极引导学生探索和解决问题，而不是直接给出答案。这要求教师具备较强的组织能力、沟通技巧以及对商业实践的深刻理解。教师应定期监督学生的学习进程，提供必要的资源和指导，帮助学生克服学习中遇到的困难。例如，在学生进行项目工作时，教师应确保每位学生都能发挥其作用，有效地与团队成员合作。此外，教师还应激励学生进行自我反思，定期组织反馈会议，讨论学习成果和未来改进的方向。

二、案例分析法在商务英语教学中的运用

（一）案例分析法的内涵

案例分析法，最初由哈佛大学在 20 世纪初创立，是一种以培训目的为中心，将真实商业情境进行典型化处理，形成案例供学生分析和决策的教学方法。自 1908 年哈佛商学院成立以来，这种方法已广泛应用并不断完善，如今已成为其 MBA 课程的核心教学方法，在教育体系中占据极其重要的地位。

将案例教学法融入商务英语教学中具有显著的实际价值。这种方法通过引入真实的商业情境，激励学生进行自主的思考与分析。这不仅帮助学生提升英语语

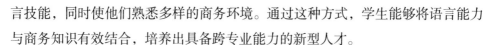

言技能，同时使他们熟悉多样的商务环境。通过这种方式，学生能够将语言能力与商务知识有效结合，培养出具备跨专业能力的新型人才。

案例分析法的引入到商务英语教学中是提升教学质量和学生实战能力的重要策略。通过基于真实商业情境的案例分析，商务英语教学不仅能促进学生的语言能力提升，还能深化对商业实践的理解。案例分析法应用于商务英语教学中有以下四个主要优势。

1. 模拟真实商务环境

商务英语教学通过案例分析法可提供高度仿真的学习环境。选择的案例若源自真实的商业活动和挑战，学生可以在授课中扮演各种角色，如营销经理、项目负责人、或谈判代表，从而更深入地理解商业流程和决策。这种情境模拟让学生在"假设"的商务环境中实际操作，增强了学习的吸引力和实用性，使学生能够在类似的真实场景中更快地应用所学知识解决问题。

2. 促进广泛的知识探索

案例分析要求学生不仅要理解和掌握课堂上的内容，还需要主动寻求外部资源来深化知识理解。学生可能需要访问图书馆，利用互联网，或通过其他可用资源来查找相关信息，这种学习方式极大地拓宽了学生的知识面，并促进了自主学习的能力。通过这种方法，教师能够引导学生在学习过程中形成自主寻求知识、解决问题的习惯。

3. 促进学生个性发展和团队合作

在案例分析中，学生必须分析问题、讨论解决方案并展示结果，这种活动不仅锻炼了他们的批判性思维和问题解决能力，还强化了公众演讲和团队合作技能。此外，通过集体讨论和案例演示，学生有机会表达自己的观点，增强自信心，同时学习如何在团队中协作和尊重他人的意见。

4. 教师角色的转变

在案例教学中，教师的角色发生了根本性变化。从传统的知识传递者转变为指导者、协调者和资源提供者。教师在案例分析的过程中更多地扮演辅助者的角色，提供必要的指导，管理讨论的方向，确保每位学生都能参与到学习过程中。教师还需要评估学生的表现，提供及时反馈，帮助学生从实践中学习和成长。

（二）案例分析法的实施环节

案例分析法是一种高效的教学策略，尤其适用于商务英语的教学。它涉及几个关键步骤，只有当这些步骤得到妥善执行时，整个教学过程才能成功。以下是案例教学的三个基本环节。

1. 案例的准备

案例教学的首要步骤是案例的准备。教师需要收集、编写和设计与教学内容相匹配的案例。重要的是，这些案例必须具有真实性或接近真实的特征，绝不能随意捏造。在实际的案例教学中，教师通常会在编制教学计划时，将符合教学内容和进度的案例整合进来。这些案例可以从在线资源下载或从相关的英文版国际贸易、国际金融和国际商务教材中选取。如果案例原本是中文的，则需要将其翻译成英文。以商务英语为例，设计案例要覆盖诸如出口价格、货物质量、出口包装、货物检验、出口保险、国际结算、知识产权、技术转让、国际投资、国际承包、市场营销、索赔和仲裁等国际经贸领域的重要内容。这些案例具有很强的实践性，可以有效地帮助学生将理论与实际情境结合起来。

教师在分发这些案例材料给学生之前，需要确保已经考虑到分析案例所需的知识点及可能在讨论中出现的问题。此外，教师应引导学生提前查找和阅读相关资料，并思考如何在后续的分析和讨论中应用这些信息。

示例案例：

A Chinese company, Company A, imports a set of equipment from a Japanese company, Company B, and resells it to a Korean company, Company C. A Korean manufacturer, Company D, discovers that this equipment infringes on its patent rights. Consequently, Company D approaches the local court requesting a sales ban on the goods and files for compensation. Meanwhile, Company A demands that Company B take responsibility for the breach of contract, leading to a dispute between the parties.

此案例的设计旨在深入探讨国际贸易中知识产权的保护问题，为学生提供了一个理解和解决国际商务争议的实际平台。

在分析和讨论开始前，教师应指导学生阅读相关的国际公约和国际惯例，确保他们在分析案例时有坚实的理论基础。这种准备工作不仅涉及对案例本身的理解，还包括对相关背景材料的研究，使学生能够全面地理解并分析案例中的问题。

课堂阶段，教师将学生分组，每个小组围绕案例进行深入的分析和讨论。这一步骤鼓励学生积极参与，用英语表达自己的观点，并学会倾听并吸收他人的意见。小组讨论的目的是让学生从多个角度探讨问题，尝试形成一个共识或多元的视角。小组讨论后，各小组通过代表向全班展示其分析结果和观点。在这一过程中，教师扮演的是一个主持人的角色，负责引导和维持讨论的方向，确保讨论的质量和深度。教师应创建一个自由和开放的讨论环境，让学生成为讨论的中心。

在讨论中，教师应避免直接表达自己的观点，以免学生形成依赖心理。如果学生之间的观点出现分歧，教师可以引导他们展开更深入的讨论。如果学生的分析存在误区，教师可以通过提问的方式间接指导学生找到问题所在并进行自我修正。这种方法不仅有助于学生独立思考，还能增强他们通过语言表达思想的能力。教师应鼓励学生抓住每一个发言的机会，勇于表达自己的看法，以此锻炼他们的口语表达能力、应变能力及运用知识解决问题的能力。例如，在分析"B 公司是否应承担违约责任"的问题时，学生应用他们所学的理论知识，展开激烈的讨论，形成各自的观点，并能够在辩论中清晰、有力地表达自己的立场。

通过这样的教学过程，学生不仅能提高英语语言能力，还能深入理解和应用国际商务和法律中的复杂概念。案例分析法因此成为一种非常有效的教学方法，尤其适用于商务英语等应用性强的学科。

2. 案例总结

案例总结是案例分析法中至关重要的环节，它不仅帮助学生巩固和反思所学知识，还提供了一个机会让教师评估和指导学生的学习过程。良好的总结可以增强学生对商务英语实际应用的理解，以及如何在复杂情景中有效运用理论知识。

案例讨论结束后，教师应立即进行引导性的总结。这种总结不仅仅是回顾讨论的内容，而是深入分析讨论过程中的思路、关键点和难点。教师应指出哪些部分的讨论是高质量的，哪些地方需要改进，以及如何更好地理解和应用相关的理论知识。在总结中，教师需要明确指出案例讨论是如何与相关理论知识相结合的。例如，在讨论涉及知识产权保护的案例时，教师可以指出，根据联合国国际货物销售合同公约（CISG）的相关规定，分析 B 公司是否应承担责任的法律依据是什么。教师应该解释这些法律规定是如何应用于具体案例的，以及学生应该如何从理论出发来解析实际问题。

在总结讨论时，教师应清楚地指出讨论的重点和难点。例如，如果案例的关键问题是"B 公司是否事先知道货物转售一事"，教师需要指出这一点，并讨论为何这一问题是案例分析的关键。这有助于学生理解案例的复杂性和多层次性，以及如何有效地针对关键问题进行思考和论证。首先，教师应对学生的表现进行具体的评价。这包括赞扬有效的贡献和批判性思考，同时指出需要改进的地方。这种反馈应具体到个人，以便学生可以了解自己的强项和改进空间。其次，教师还应记录学生的表现作为平时成绩的一部分，以激励学生在未来的讨论中表现得更加积极和深入。最后，教师应通过总结提供激励，鼓励学生在未来的讨论中更加主动参与和深入思考。这种激励可以通过表扬好的表现、提供额外的学习资源或者简单地表达对学生进步的期待来实现。

3. 撰写案例报告

撰写案例报告是案例分析法教学的最后一个环节，学生通过书面形式对讨论的案例进行深入分析和总结。这个过程不仅加深了学生对案例的理解，也锻炼了他们的书面表达和学术写作能力。

首先，教师应明确案例报告的格式和结构要求，这通常包括引言、案例背景、问题分析、解决方案讨论、结论和建议等部分。明确的结构不仅帮助学生组织思路，还能确保报告内容的完整性和逻辑性。其次，教师应提供具体的写作指南，包括引用格式、参考文献的列举方式、字数限制等，以帮助学生遵守学术写作的标准规范。学生需要在案例报告中展示对案例的深入理解。这包括对案例背景的详尽描述，对案例中出现的问题的清晰阐释，以及这些问题背后的原因分析。学生应用所学的理论知识来分析问题，并提出可能的解决方案。最后，教师应指导学生如何将理论与实际案例相结合，以及如何使用适当的数据和证据来支撑他们的分析。案例报告的一个重要部分是提出解决问题的方案。学生应基于他们的分析，提出创新且实际的解决策略。此外，学生还应提供一些具体的建议，这些建议应基于案例分析的结果，并考虑到实际操作的可行性。

学生在撰写报告的过程中，应多次草拟和修订他们的工作。教师可以组织同行评审活动，让学生相互评议对方的报告草稿。这不仅可以提升学生的批判性思维能力，还能帮助他们从不同的视角看待问题，从而提高报告的质量。在学生提交最终报告后，教师应对每份报告进行详细的批改和反馈。反馈应具体指出报告中的优点和需要改进的地方。教师应给予学生建设性的评论，帮助他们了解如何改进其分析和论述，以及如何提高其学术写作水平。

（三）在商务英语教学中应用案例分析法的注意事项

1. 处理好教材与案例的关系

案例分析法强调利用实际案例进行商务英语阅读，但这并不意味着只侧重于案例材料,忽略了教材内容。学生在进行案例学习之前,应首先掌握教材中的商务专业知识、基本概念和理论。案例材料应作为教材的有益补充,与教材中的语言和专业知识密切结合,从而使学生在具备一定理论知识的基础上能够充分运用案例分析法。

2. 处理好与其他教学法的关系

鉴于商务英语的特殊性,教学方法应该多样化,以适应不同教学材料、目的和教学过程中的不同需求。案例分析法与其他教学方法如交际教学法、讲授法、情境教学法以及任务型教学法等应相互补充,共同构成一个全面的教学策略体系。每种方法都有其独特的优势:例如,讲授法可以在短时间内向学生传授大量的理论知识;情境教学法通过模拟真实的商务环境帮助学生更好地理解和应用这些知识;任务型教学法则强调通过完成具体任务来促进学生技能的实际应用。教师应根据课程的具体内容和学生的学习需要灵活运用各种教学方法。通过整合多种教学策略,不仅可以增强教学的效果,还能更好地激发学生的学习兴趣和提高他们的参与度。这种综合应用不同教学方法的策略,能够确保商务英语教学既高效又全面,帮助学生全方位地发展他们的商务英语能力。

3. 发挥好教师的引导作用

在商务英语的案例教学中,教师扮演着至关重要的引导者角色,确保教学的效果和效率。尽管学生是教学活动的主体,教师的引导和介入却是实现教学目标的关键。合理的引导不仅影响教学的成功,也塑造学生的学习体验。

教师需要对案例有深入的理解和掌握,这包括对案例的详细阅读和笔记,以便把握案例的关键内容和细节。这一步是教师准备引导讨论的基础。在案例分析的过程中,教师应明确教学目标,识别案例中的难点和重点,并设计合适的教学策略。在讨论环节,教师的角色转变为协调者和启发者。通过有效地提出问题和整理讨论要点,教师应促使学生进行深入的思考,并引导他们从不同角度审视问题。这包括利用黑板或其他视觉辅助工具来帮助学生注意到讨论中的关键点。教师应鼓励学生表达自己的观点,无论是支持还是反对,都应给予适当的关注和讨论空间。教师需要调控讨论的节奏和深度,确保讨论不偏离主题同时又不过分限制学生的创意。通过提问和总结,教师可以帮助学生明确自己的观点,形成更加清晰和逻辑严密的论述。此外,教师应该监控学生在课堂上的表现和互动,评估他们是否能有效地解决案例中提出的问题,以及他们是否在过程中学会了相互信赖和从对方的发言中学习。教师还应正确对待和评价学生的观点。由于案例分析往往没有唯一的解答，教师应鼓励学生展示和辩护自己的观点，同时理解并欣赏到不同的观点。如果出现逻辑不当或偏颇的观点，教师可以引导其他学生提供反馈，促进更广泛的讨论。

第六章　商务英语实训课程评估与反馈

第一节　商务英语实训课程评估的方法与工具

一、实训课程评估方法

过程性评估是在学习过程中持续进行的、旨在监控和改进学生学习的评估活动。与总结性评估不同，过程性评估关注的是学习过程中的每一个阶段，包括学习的开始、进行中和结束阶段。其目的是及时了解学生的学习情况和进展，发现问题并及时进行调整和改进，以促进学生的持续学习和进步。过程性评估强调对学生学习过程中的实际表现和行为进行观察、记录和分析。它可以采用多种形式和方式，如课堂观察、作业评估、小组讨论、问答环节、项目进展跟踪等。教师和评估者通过这些方式不断地收集和分析学生的学习数据，了解他们的学习进度、学习态度、理解程度和问题所在，从而及时采取相应的教学策略和措施，帮助学生解决问题，提高学习效果。在商务英语实训教学中可以应用以下三种过程性评估方法。

1. 观察法

教师通过观察学生在课堂上的表现、参与度和学习态度等方面来评估其学习情况和实践能力。观察对象可以包括学生的言行举止、学习方法和学习成果等方面，通过观察可以及时发现学生的学习问题和困难，为他们提供必要的指导和帮助。观察法具有直观性和客观性的特点，能够为教师提供全面、准确的评估信息，有助于及时调整教学策略和方法，提高教学效果和学生的学习动力。

2. 即时评估法

教师通过课堂上的小测验、问答环节、案例分析等方式，即时评估学生的学习情况和理解程度。即时评估可以帮助教师及时发现学生的学习差距和问题，加强对重点知识和技能的讲解和强化，及时调整教学进度和内容，确保教学效果和学习效果的实现。同时，即时评估还能够激发学生的学习兴趣，提高他们的学习积极性和参与度，促进课堂教学的有效开展。

3. 同伴评估法

在商务英语实训课程中，学生之间可以相互进行学习成果的评价和反馈，通过小组讨论、项目合作等方式进行同伴评估。同伴评估不仅可以帮助学生更好地理解和掌握知识和技能，还能够培养他们的合作意识和团队精神，提高他们的沟通能力和协作能力。同时，同伴评估还能够促进学生之间的相互学习和共同进步，增强学习效果和学习体验。

（二）总结性评估

总结性评估是指在一段学习过程结束之后对学生的学习成果、学习效果以及学习过程进行全面综合的评价。与过程性评估不同，总结性评估通常发生在一个学期、一个学年或者一个学习阶段结束之后，旨在对学生的整体表现进行总结和归纳，并提供反馈以促进学生的进一步发展。总结性评估通常包括多种评价方法，如考试、作业、项目评估、口头报告、论文等。教师和评估者可以根据不同的评价对象和评价目标选择。

1. 项目评估法

在商务英语实训课程中，学生通常会完成一系列的实际项目或任务，项目评估法就是通过对这些项目的完成情况和成果进行评估，来评价学生的学习水平和实践能力。评估可以包括项目的设计和执行过程、成果的质量和效果等方面，通过对项目的全面评估，可以客观地了解学生在实践中所取得的成就和存在的问题，为他们的学习提供有针对性的反馈和建议，促进他们的进一步发展和提高。

2. 综合评估法

教师可以综合考虑学生在课堂学习、实训项目、作业考核、课外活动等方面的表现和成绩，综合评价他们的学习水平和实践能力。综合评估法可以更全面、客观地反映学生的学习情况和成绩，避免了单一评价指标带来的片面性和主观性，有助于提高评估的准确性和公正性，为学生的学习和发展提供更有效的指导和支持。

3. 自评估法

学生可以通过对自己在课程学习和实践活动中的表现和成绩进行自我评价，

对自己的学习情况和实践能力进行全面、客观地分析和总结。自评估能够帮助学生认识到自己的优势和不足，发现学习中存在的问题和改进的空间，促进他们对自己的学习目标和职业规划进行深入思考和调整，提高学习的主动性和自律性，为未来的发展和就业做好充分的准备。

（三）多元化评估

多元化评估是指采用多种评估方法和工具对学生的学习成果和综合能力进行综合评价。这种评估方式不仅考虑到了学生的学习成绩，还包括了学生的自我评价、同伴评价以及教师评价等多个方面。

1. 360 度评估法

360 度评估法是一种全方位、多角度评估方法，包括学生自我评价、教师评价、同伴评价和其他相关人员评价等。通过收集来自不同来源的评价信息，综合考量学生在学习过程中的表现和能力，从而更全面地了解学生的学习情况和发展需求，为他们提供更有效的指导和支持。

2. 组合评估法

组合评估法是将多种评估方法和工具结合起来，形成一个完整的评估体系。例如，可以将考试成绩、作业表现、课堂参与度、项目成果等多种评价方式进行组合，综合评价学生的学习成果和实践能力。通过综合考虑各种评价因素，可以更全面、客观地评价学生的学习情况，避免单一评价指标带来的片面性和主观性。

3. 发展性评估法

发展性评估法强调评价的目的是为了促进学生的学习和发展，而不仅仅是为了对学生进行排名或分类。在发展性评估中，评价结果被用来指导学生的学习，帮助他们发现和克服学习中的问题，并制订个性化的学习计划和制定个性化的学习目标。教师和评估者应该注重对学生的成长和进步进行肯定和鼓励，建立积极的学习氛围，激发学生的学习动力和兴趣。

通过采用多元化评估方法，可以更全面、客观地了解学生的学习情况和综合能力，为他们提供更有效的指导和支持，促进他们的全面发展和进步。同时，多元化评估也有助于提高教学质量和教育教学的持续改进，为学生的学习和发展创造良好的条件和环境。

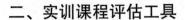

二、实训课程评估工具

（一）量化评估工具

量化评估工具在商务英语实训课程中起着至关重要的作用，可以帮助教师客观地评估学生的学习成果和能力水平。评分量规、评分标尺和评分矩阵是常用的量化评估工具，它们提供了一种结构化的评价框架，使评估过程更加科学和标准化。

1. 评分量规

评分量规是评价过程中用来量化分值和标准的规则和准则。它明确了不同评价项目或题目的分值范围和标准，指导评分人员进行客观、一致的评分。在商务英语实训课程中，评分量规可以规定各个评价项目的分值权重，如语法、词汇、语用、文化等，以及不同分值水平对应的学习成绩和能力等级，从而实现对学生学习成果的量化评价。

2. 评分标尺

评分标尺是评价过程中用来描述不同分值水平的具体描述和标准。它将评价项目的不同分值水平转化为文字描述，帮助评分人员理解和判断学生在各个评价项目上的表现。在商务英语实训课程中，评分标尺可以描述不同水平的语言运用能力、商务实践能力和跨文化交际能力等，从而帮助评分人员进行准确、一致的评价。

3. 评分矩阵

评分矩阵是将评价项目和评价标准进行横向和纵向交叉组合，形成一个矩阵结构，用来系统地评估学生在不同方面的表现。在商务英语实训课程中，评分矩阵可以将不同的语言技能、商务实践能力和跨文化交际能力等评价项目和评价标准进行交叉组合，形成一个全面的评价框架，帮助教师对学生的综合能力进行量化评估。

（二）质性评估工具

质性评估工具是指通过描述性、非数值化的方式来评价学生的学习成果和表现。这些工具通常更注重学生的思考过程、表达能力和个人发展，而不是简单地给出分数或等级。

1. 观察记录

观察记录是教师或评估者在课堂或实践环境中对学生行为、表现和互动进行详细记录的一种工具。观察记录可以包括学生的参与程度、表达能力、团队合作能力等方面的观察，以及教师对学生学习过程中的观察和反思。通过观察记录，教师可以全面了解学生的学习情况和态度，为后续的教学调整和个性化指导提供依据。

2. 口语报告

口语报告是学生在课堂或实践环境中口头展示自己学习成果和实践经验的一种评估方式。学生可以通过口头报告来分享自己对商务英语相关主题的理解和见解，展示自己的语言表达能力和思维逻辑。口语报告可以是个人报告、小组讨论、角色扮演等形式，通过评估学生的口头表达能力和逻辑思维能力，了解他们在实际应用中的表现和成长。

3. 学习日志

学习日志是学生在学习过程中记录自己学习体验、思考和感悟的一种方式。学生可以在学习日志中记录自己的学习目标、学习计划、学习过程中的收获和困难等内容，以及对课程内容和教学方法的反思和评价。通过学习日志，学生可以培养自主学习和反思能力，帮助他们更好地理解和应用所学知识，提高学习效果和学习动机。

（三）信息技术工具

信息技术工具在商务英语实训课程评估中的应用日益重要，它们可以提供更灵活、高效的评估方式，同时充分利用了现代技术的优势。

例如网络评估平台是一种在线平台，提供了便捷的评估工具和资源，用于教师对学生进行评估和反馈。通过网络评估平台，教师可以发布在线测试、作业和问卷调查等评估任务，学生可以通过平台提交作业、参与测试，并获得即时的评估结果和反馈。网络评估平台还可以提供数据分析和统计功能，帮助教师了解学生的学习情况和趋势，从而进行个性化指导和教学调整。移动应用程序是一种便捷的评估工具，可以在移动设备上进行学习和评估活动。商务英语实训课程中的移动应用程序可以包括语言学习应用、商务沟通工具、实践案例分析应用等，通过这些应用程序，学生可以随时随地进行学习和实践活动，并获得个性化的学习支持和反馈。同时，教师也可以利用移动应用程序进行学生学习行为的监控和分析，更好地了解学生的学习进度和需求。多媒体作品可以通过图片、音频、视频等多种媒体形式展示学生的学习成果和实践能力。商务英语实训课程中的多媒体作品可以包括商务演讲视频、商务文书示范、跨文化交际场景模拟等，通过这些作品，学生可以更直观地展示自己的语言表达能力、商务实践能力和跨文化交际能力。教师可以通过观看和评价多媒体作品来对学生的表现进行评估，并提供针对性的反馈和建议。

三、实训课程评估原则

商务英语实训课程评估的原则是评估工作所应遵循的基本准则和规范，它们确保评估过程的科学性、公正性和有效性。

（一）科学性原则：

评估过程应当客观、公正，不受主观偏见的影响。评估标准和评分标准应当明确、具体，以确保评价的客观性和公正性。评估工具和方法应当具有稳定性和一致性，能够在不同时间、不同场合下产生相似的评价结果。评估过程应当经过充分的训练和标准化，以确保评估结果的可靠性和准确性。评估过程应当能够准确地评价学生的学习成果和能力水平，为学生的学习提供有效的反馈和指导。评估工具和方法应当与课程目标和教学内容相匹配，能够全面、客观地评价学生的学习情况和表现。

（二）实用性原则

评估结果应当能够及时反馈给学生和教师，帮助他们了解自己的学习进展和不足之处，为进一步学习和教学提供指导和支持。评估过程应当具有指导性和导向性，能够帮助学生和教师识别学习目标和需求，制订个性化的学习计划和制定个性化的策略，促进学生的自主学习和发展。评估工具和方法应当灵活多样，能够满足不同学生和教学环境的评估需求。评估过程应当注重个性化评价，充分考虑学生的特点和背景，为他们提供个性化的评价和支持。

（三）发展性原则

发展性原则强调评估应该促进学生的发展和进步。评估不仅仅是对学生过去学习成果的总结，更重要的是为学生未来的学习提供指导和支持。在商务英语实训课程评估中，发展性原则意味着评估应该注重学生的个体差异和发展需求，为每个学生提供个性化的评价和指导。评估过程应当关注学生的学习过程和学习策

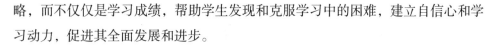

略，而不仅仅是学习成绩，帮助学生发现和克服学习中的困难，建立自信心和学习动力，促进其全面发展和进步。

（四）多元性原则

多元性原则强调评估应该采用多种评估方法和工具，从不同角度和多个维度全面评价学生的学习成果和能力水平。商务英语实训课程评估中，多元性原则意味着评估不应局限于传统的笔试和口试，还应包括作业、项目、实践活动、口头报告、学习日志等多种形式。通过多元化的评估方式，可以更全面、客观地了解学生的学习情况和能力水平，减少评价的主观性和片面性，为学生提供更有针对性的指导和支持。

四、评估工具设计要求

评估工具设计直接影响到评估过程的科学性、公正性和有效性。评估工具的设计要求包括目标相关性、操作可行性和信度有效性等方面。

（一）目标相关性

评估工具设计应与课程目标和学习目标相关，确保评估内容和评估方法能够有效地衡量学生在商务英语实训课程中所学到的知识、技能和能力。具体而言，目标相关性要求评估工具应具备以下四个特点。

其一，评估工具应能够全面反映商务英语实训课程的目标和要求，包括语言技能、商务实践能力和跨文化交际能力等方面的目标，评估工具应涵盖这些方面的内容，以确保评估的全面性和准确性。其二，评估工具应与学生的学习目标和需求相契合，能够有效地评价学生在课程学习过程中所达到的目标和水平。其三，评估工具设计应考虑学生的学习特点和学习需求，确保评估内容和方式对学生具有指导性和促进性。其四，评估工具应与教学内容和教学方法相匹配，能够反映课程教学的重点和特点。例如，如果课程注重口语交际能力的培养，评估工具可以包括口语考试、口头报告等形式；如果课程注重商务实践能力的培养，评估工具可以包括实践项目、商务文书写作等内容。

（二）操作可行性

评估工具的设计应具有操作可行性，即评估过程应简便、易操作，能够被评估者和评价者所理解和接受。

评估工具应提供清晰明了的指导说明，包括评估内容、评分标准和评分方法

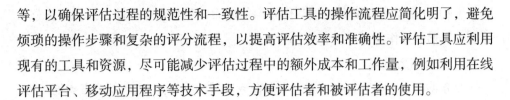

等，以确保评估过程的规范性和一致性。评估工具的操作流程应简化明了，避免烦琐的操作步骤和复杂的评分流程，以提高评估效率和准确性。评估工具应利用现有的工具和资源，尽可能减少评估过程中的额外成本和工作量，例如利用在线评估平台、移动应用程序等技术手段，方便评估者和被评估者的使用。

（三）信度有效性

评估工具设计应具备信度和有效性，确保评估结果的准确性和可靠性。评估工具应具有良好的信度，能够在不同时间、不同评价者之间产生稳定一致的评估结果，以确保评估结果的可靠性和准确性。评估工具应具有良好的有效性，能够有效地衡量评估对象所具备的能力和水平。评估工具设计时应考虑评估内容的内在逻辑和外部有效性，确保评估内容和方法与评估对象的实际水平和需求相匹配。评估工具设计应根据评估对象的特点和评估目的确定适当的评估范围和深度，避免评估内容过于狭窄或过于宽泛，以确保评估结果的全面性和有效性。

第二节　商务英语实训效果评估与数据分析

一、商务英语实训效果评估内容

（一）学生层面

商务英语实训是为了提升学生在商务领域的语言能力、综合能力以及就业竞争力而设计的课程。因此，评估其效果需要从学生的角度出发，考察实训课程对他们的具体影响。

1.语言技能提升

商务英语实训课程的一个主要目标是提升学生的英语语言技能，包括听、说、读、写等方面。评估语言技能提升的效果可以通过以下四个方面来考察。

（1）评估学生在商务场景中的听力理解能力，包括对商务会议、电话交流、商务谈判等场景的听力理解能力。

（2）评估学生在商务交流中的口语表达能力，包括商务演讲、会议发言、电话沟通等方面的口语表达能力。

（3）评估学生对商务文档、合同、报告等商务资料的阅读理解能力，包括对商务英语词汇、短语和句型的理解能力。

（4）评估学生在商务英语写作方面的能力，包括商务邮件、报告、备忘录等商务文书的写作能力。

2. 综合能力发展

商务英语实训课程旨在培养学生在商务领域的综合能力，包括商务沟通能力、商务谈判能力、商务文书处理能力等。评估综合能力发展的效果可以通过以下三个方面来考察。

（1）评估学生在商务交流中的沟通能力，包括语言表达能力、信息传递能力、倾听能力等。

（2）评估学生在商务谈判过程中的策略运用能力、话语权控制能力、问题解决能力等。

（3）评估学生在处理商务文书和资料方面的能力，包括信息收集整理能力、文书撰写能力、文件管理能力等。

3. 就业竞争力增强

商务英语实训课程的最终目标之一是增强学生的就业竞争力，使他们能够在商务领域中脱颖而出，获取更好的就业机会。评估就业竞争力增强的效果可以通过以下三个方面来考察。

（1）评估学生在商务领域的专业知识和能力是否得到提升，是否具备满足企业用人需求的能力和素质。

（2）评估学生在职业素养方面的提升情况，包括团队合作能力、责任意识、自我管理能力等。

（3）评估学生在就业市场中的竞争力和吸引力，包括实习经历、校企合作、就业指导等方面的支持和帮助。

（二）教师层面

在商务英语实训效果的评估中，教师层面的评估同样至关重要。教师在实训课程中的教学理念转变、教学方法创新以及专业发展水平直接影响到学生的学习效果和成长。

1. 教学理念转变

商务英语实训教师应该不断更新教学理念，使之与时俱进，适应学生的需求和社会的发展。评估教学理念转变的效果可以通过以下三个方面来考察。

（1）评估教师是否将学生的需求和学习目标置于教学的核心地位，是否注重激发学生的学习兴趣和潜能。

（2）评估教师是否注重将理论知识与实践应用相结合，是否通过实践活动提高学生的商务实践能力。

（3）评估教师是否鼓励学生创新思维和创造能力，是否采用新颖的教学方法和工具，激发学生的创新意识和能力。

2. 教学方法创新

商务英语实训教师应该不断创新教学方法，提高教学效果和吸引力。评估教学方法创新的效果可以通过以下三个方面来考察。

（1）评估教师是否采用多种教学方法和手段，如案例教学、角色扮演、团队合作等，丰富教学内容和形式，激发学生的学习兴趣和积极性。

（2）评估教师是否充分利用现代技术手段，如多媒体教学、在线教学平台等，提高教学效率和质量，增强学生的学习体验和参与度。

（3）评估教师是否关注学生的个性化需求和差异化学习，是否提供个性化的教学服务和支持，帮助学生充分发挥自身潜力和特长。

3. 专业发展水平

商务英语实训教师应该具备较高的专业素养和发展水平，不断提升自身的教学能力和教学水平。评估教师的专业发展水平可以通过以下三个方面来考察。

（1）评估教师是否参加相关的教学培训和学术研讨，是否不断提升教学能力和水平，提高教学效果和教学质量。

（2）评估教师是否积极参与学术研究和教育改革，是否在教学方法、教材编写、课程设计等方面取得一定的成果和贡献。

（3）评估教师是否具备丰富的商务实践经验和教学经验，是否能够将实践经验有效地融入到教学实践中，丰富教学内容和教学案例。

（三）课程层面

在商务英语实训效果的评估中，课程层面的评估直接关系到课程的设计、实施和效果。以下是对课程层面评估内容的详细阐述。

1. 课程目标达成

商务英语实训课程的目标是培养学生在商务领域的语言能力、实践能力和跨文化交际能力。评估课程目标达成的效果可以通过以下三个方面来考察。

（1）评估课程目标是否清晰明确，是否能够准确反映商务英语实训课程的核心内容和学习要求。

（2）评估课程目标在实际教学过程中的达成程度，是否能够有效提升学生的语言能力、实践能力和跨文化交际能力。

（3）评估学生对课程目标的满意度和认可度，是否认为课程目标符合自己的学习需求和期望。

2. 教学模式优化

商务英语实训课程的教学模式应该不断优化，适应学生的学习特点和教学需求。评估教学模式优化的效果可以通过以下三个方面来考察。

（1）评估教学方法和手段是否多样化，是否能够满足不同学生的学习需求和学习风格。

（2）评估教学过程中是否充分体现师生互动、生生互动的特点，是否能够激发学生的学习兴趣和积极性。

（3）评估教学资源的整合和利用情况，包括教材资源、网络资源、实践资源等，是否能够充分支持教学活动的开展。

3. 教学资源建设

商务英语实训课程需要建设和利用丰富的教学资源，以支持教学活动的开展和实施。评估教学资源建设的效果可以通过以下三个方面来考察。

（1）评估教学所使用的教材是否丰富全面，是否能够满足课程的教学需要，是否符合学生的学习水平和学习需求。

（2）评估课程是否充分利用网络资源，如在线课件、教学视频、网上练习等，丰富教学内容，提高教学效果。

（3）评估课程是否充分利用实践资源，如实践项目、企业合作、校外实习等，提高学生的实践能力和实际操作能力。

二、实训效果评估方式

（一）定量评估

商务英语实训课程的定量评估是通过量化的方式来衡量学生在课程中的学习情况和教学效果，主要包括测试评分、问卷调查和统计分析等方法。

测试评分是一种常见的定量评估方法，通过考试、测验等形式对学生的知识掌握程度和能力水平进行量化评估。在商务英语实训课程中，可以设计不同形式的测试题目，包括选择题、填空题、翻译题、写作题等，以全面评价学生的语言能力、实践能力和跨文化交际能力。测试评分的优点是客观性高、结果直观，但也存在可能不全面、不全程考察学生能力的缺点。

问卷调查是一种常用的数据收集方法，通过设计问卷并向学生发放，收集他们对课程的反馈和评价信息。在商务英语实训课程中，可以设计问卷调查来收集学生对课程目标达成、教学质量、教学方法、教学资源等方面的看法和意见。问卷调查的优点是能够快速、广泛地收集学生意见，但也存在可能受到回收率、回答偏差等因素的影响。

统计分析是对收集到的数据进行整理、归纳和分析的过程，通过统计方法来揭示数据之间的关系和规律。在商务英语实训课程的定量评估中，可以利用统计分析方法对测试成绩、问卷调查结果等数据进行分析，比较不同群体、不同时间点的数据差异，从而得出结论和建议。统计分析的优点是能够客观、科学地分析数据，但也需要具备一定的统计分析能力和工具。

（二）定性评估

定性评估是通过描述和分析非数值性数据，如文字、观察和解释等方法来评估商务英语实训课程的效果。

访谈反馈是一种直接与学生或相关教学人员进行沟通交流，获取他们对课程的看法、感受和意见的方法。在商务英语实训课程中，可以通过个别或集体访谈的形式，询问学生对课程目标、教学方法、教学资源等方面的认知和评价。访谈反馈的优点是能够深入了解学生的真实想法和感受，但也存在可能受到回答者主观性和回答偏差的影响。案例分析是一种通过具体案例来分析和评估商务英语实训课程效果的方法。在商务英语实训课程中，可以选取真实的商务案例，通过学生讨论、分析和解决问题的过程，评估他们的商务实践能力和跨文化交际能力。案例分析的优点是能够结合实际案例进行评估，使评估结果更具有针对性和实用性，但也需要考虑案例的选择和设计是否恰当。专家评审是一种邀请领域内专业人士或教育专家对商务英语实训课程进行评价和审查的方法。在商务英语实训课程中，可以邀请商务领域的专家、教育专家或相关行业从业者，对课程目标、教学内容、教学方法等方面进行评审，并提出改进建议和意见。专家评审的优点是能够借助专家的经验和专业知识，提供客观、权威的评价，但也需要考虑专家评审的对象选择和评价标准是否合理。

三、数据收集与整理

（一）原始数据收集

在商务英语实训课程评估中，收集和整理原始数据可以提供客观的数据支持，帮助评估者更好地了解课程效果和学生表现。

测试成绩是评估学生在商务英语实训课程中学习成绩的重要依据。测试可以包括课程中的期中考试、期末考试、小测验等形式，覆盖课程中涉及的各个知识点和技能要求。收集测试成绩的方法可以通过学生完成考试后的成绩单或者考试答卷，将学生的得分情况进行记录。问卷调查是收集学生对商务英语实训课程的反馈和评价的常用方法之一。通过设计问卷并向学生发放，收集他们对课程目标、教学内容、教学方法、教师教学水平等方面的意见和建议。问卷反馈的内容可以涵盖课程满意度、教学效果、课程内容的难易程度、教学资源的使用情况等。评价记录是评估者对商务英语实训课程进行观察和记录的过程。评价者可以通过课堂观察、学生作业评价、教学活动记录等方式收集数据。评价记录可以包括教学过程中的教学方法、学生参与情况、教学资源使用情况等方面的观察和记录，以便后续对课程效果进行分析和评估。

在收集原始数据的过程中，需要确保数据的准确性、完整性和客观性。同时，还需要考虑保护学生隐私和个人信息的安全性，确保数据的合法合规性。综合利用测试成绩、问卷反馈和评价记录等原始数据，可以全面、准确地评估商务英语实训课程的效果和质量，为课程的改进和提升提供有效的参考依据。

（二）数据分类整理

1.编码分类

编码分类是将原始数据按照一定规则进行分类和编号，以便后续的数据管理和分析。在商务英语实训课程评估中，可以根据数据的性质、来源、时间等因素进行编码分类。根据数据的性质进行分类，可以将数据分为学生的测试成绩、问卷反馈、教师的评价记录等不同类型。例如，将学生的测试成绩归类为一个类别，将问卷反馈归类为另一个类别，以此类推。根据数据的来源进行分类，可以将数据按照不同的来源进行编号和整理。例如，将来自于不同班级或不同教师的数据分别进行编码分类。根据时间进行分类，可以将数据按照学期、学年或具体日期进行归档和编号，以便后续的时间序列分析和比较。通过编码分类，可以使得数据结构清晰、有序，方便后续的数据管理和分析工作。

2. 建立数据库

建立数据库将编码分类后的数据进行整合和存储，可以方便地对数据进行管理、查询和分析，提高数据的利用效率和价值。在商务英语实训课程评估中，建立数据库可以采用电子化的方式，利用数据库软件如 Microsoft Access、MySQL 等来建立。

根据数据的分类和属性，设计相应的数据表结构，包括字段名称、数据类型、约束条件等。例如，在商务英语实训课程评估中，可以建立包括学生信息、测试成绩、问卷反馈、教师评价等数据表。其中，学生信息表包括学生姓名、学号、班级等字段；测试成绩表包括学生姓名、考试科目、成绩等字段；问卷反馈表包括学生姓名、问题编号、答案等字段；教师评价表包括教师姓名、课程评分、评价意见等字段。将已经编码分类的原始数据导入到相应的数据表中，保证数据的完整性和准确性。例如，将学生的测试成绩、问卷反馈结果等数据逐一录入到对应的数据表中，并进行数据验证和核对。然后根据数据的查询需求，设置适当的索引，提高数据的检索效率。例如，在测试成绩表中可以设置学生姓名和考试科目字段的索引，以便快速查询某个学生在某门科目的成绩。

通过以上步骤，建立数据库可以使得数据管理更加方便和高效，为后续的数据分析和结果呈现提供有力支持。

3. 数据清洗

数据清洗确保数据的质量和准确性，为后续的数据分析提供了可靠的基础。数据清洗包括对原始数据进行检查、验证和修正，主要目的是识别和处理数据中的错误、缺失、异常和重复等问题。

在商务英语实训课程评估中，数据中可能存在一些缺失值，例如学生未参加某次测试、未填写问卷等情况。处理缺失值的方法包括填充缺失值、删除缺失值或使用插值方法进行估算。根据实际情况和数据分布特点，选择合适的处理方法以确保数据的完整性和准确性。

数据清洗还需要处理异常值和重复值。异常值是指与大部分数据差异较大的数值，可能会对数据分析结果产生影响。在商务英语实训课程评估中，可能出现的异常值包括学生在某次测试中的极端高分或低分等情况。处理异常值的方法包括排除异常值、调整异常值或进行数据转换。通过对异常值的处理，可以减少其对数据分析结果的干扰。重复值是指数据中出现多次的相同数据，可能会导致分析结果的偏差。在商务英语实训课程评估中，可能出现的重复值包括学生重复提交问卷或测试成绩等情况。处理重复值的方法包括删除重复值、合并重复值或进行数据去重。通过对重复值的处理，可以保证数据的唯一性和准确性。

四、数据分析与呈现

（一）定量数据分析

数据分析与呈现是商务英语实训课程评估的关键环节之一，其中定量数据分析是评估过程中的重要部分。在定量数据分析中，包括描述统计分析、推断统计分析和相关分析等方法。

描述统计分析是对数据进行汇总和描述的过程，旨在通过对数据的整体特征进行概括，来理解数据的基本情况。在商务英语实训课程评估中，描述统计分析可以用来分析学生的测试成绩、问卷反馈得分等数据。常见的描述统计方法包括计算数据的均值、中位数、标准差、最大值、最小值等，以及绘制直方图、箱线图、饼图等图表来展示数据分布情况和变化趋势。推断统计分析是通过样本数据对总体进行推断的过程，旨在从样本数据中得出总体特征和规律性的结论。在商务英语实训课程评估中，推断统计分析可以用来对不同班级、不同学期或不同教学方法之间的差异进行比较和推断。常见的推断统计方法包括假设检验、方差分析、回归分析等，通过对比不同组别之间的差异性来进行推断。相关分析是研究两个或多个变量之间关系的统计方法，旨在探索变量之间的相关程度和方向。在商务英语实训课程评估中，可以通过相关分析来研究不同因素之间的关联程度，例如学生的测试成绩与课程满意度之间的关系。常见的相关分析方法包括皮尔逊相关系数、斯皮尔曼相关系数等，通过计算相关系数来衡量变量之间的相关程度和方向。

通过定量数据分析，可以深入了解商务英语实训课程的情况和特点，发现其中存在的问题和改进的空间，为课程的优化和提升提供科学依据。在数据分析的过程中，需要综合运用描述统计分析、推断统计分析和相关分析等方法，以全面、准确地理解数据的内在规律和特点，并将分析结果清晰地呈现给相关利益相关者。

（二）定性数据分析

定性数据分析在商务英语实训课程评估中同样至关重要，它可以帮助理解学生和教师的主观感受、看法和经验，从而更深入地了解课程的影响和效果。

主题分析旨在识别和理解定性数据中的重要主题和模式。在商务英语实训课程评估中，主题分析可以用来分析学生和教师在问卷调查、访谈或学习日志等文本数据中提到的关键主题和话题。通过对文本数据进行反复阅读和归纳，识别出其中的重要主题，并对这些主题进行编码和分类，以揭示出数据中的隐藏信息和模式。内容分析是对定性数据中的内容和表达进行系统分析和归纳的过程。在商务英语实训课程评估中，内容分析可以用来分析学生和教师的口头或书面表达，例如访谈记录、口语报告、教学反思等。通过对文本数据进行逐字阅读和分析，识别其中的关键词汇、短语和句子，分析其表达的含义和情感色彩，并进一步探讨其与课程效果之间的关系。叙事分析是对定性数据中的叙事结构和叙述方式进行分析和解释的过程。在商务英语实训课程评估中，叙事分析可以用来分析学生和教师在访谈或学习日志中所述的故事和经历。通过对叙事数据进行整理和归纳，识别其中的故事线索、情节发展和故事结构，分析故事中的角色、情感和价值观，并进一步探讨其对课程体验和学习效果的影响。

通过主题分析、内容分析和叙事分析等方法，可以深入挖掘定性数据中的信息和内涵，揭示出课程的特点、影响因素和改进方向，为课程评估和改进提供科学依据。在数据分析的过程中，需要结合定量数据分析和定性数据分析，以全面、深入地了解课程的实际效果和影响。

（三）数据可视化呈现

数据可视化呈现是将数据分析结果以直观的图表、报告或多媒体形式展示给相关利益相关者的过程。在商务英语实训课程评估中，数据可视化呈现有助于将复杂的数据分析结果转化为易于理解和沟通的形式，为决策提供参考依据。

图表报告是将数据分析结果通过图表的形式进行呈现的一种方式。常见的图表包括柱状图、折线图、饼图、雷达图等。在商务英语实训课程评估中，可以利用柱状图展示不同班级或不同学期的平均成绩比较情况；利用折线图展示学生在不同测试科目中的成绩趋势；利用饼图展示学生对课程满意度的分布情况等。通过图表报告，可以直观地展示数据分析结果，帮助利益相关者更好地理解和解读数据。多媒体展示是利用图像、声音、视频等多种媒体形式将数据分析结果进行展示的一种方式。在商务英语实训课程评估中，可以利用多媒体展示制作 PPT演示文稿、视频报告或在线课程，以展示学生和教师的实际情况和经验。通过多媒体展示，可以生动地呈现课程的特点和亮点，引起听众的兴趣和关注，并促进信息的传递和交流。动态数据仪表板是一种交互式的数据可视化工具，可以根据用户的需求和反馈实时更新数据展示内容。在商务英语实训课程评估中，可以利用动态数据仪表板展示学生的学习进度、教师的教学效果等实时数据。通过设置交互式功能，用户可以自由选择感兴趣的数据指标、时间范围等条件，灵活地查看和分析数据。动态数据仪表板可以帮助利益相关者更深入地了解数据，及时调整决策和策略。

五、实训效果评估应用

（一）实训总结反思

通过总结反思，可以对实训过程进行全面、深入的审视和评价，发现存在的问题和不足之处，为今后的实训活动提供经验教训和改进方向。

对实训过程进行全面的总结。回顾实训活动的组织安排、教学内容、教学方法、教学资源等方面，分析实训活动的设计合理性和执行情况，总结实训过程中的亮点和问题。接着对实训效果进行评估和分析。通过对学生的学习成绩、综合能力提升情况、就业竞争力等方面进行分析，评估实训活动对学生的影响和效果，发现学生在商务英语能力、跨文化交际能力等方面的提升情况。总结实训活动中的经验教训。分析实训过程中取得的成功经验和好的做法，总结可借鉴和推广的经验；同时，也要深入分析实训活动中存在的问题和不足，找出导致问题的原因，并提出改进措施和建议。最后对实训过程中采用的教学方法进行反思和评价。分析不同教学方法的优缺点，总结哪些方法对学生学习效果更好，哪些方法需要调整或改进，以提高实训教学的有效性和针对性。

（二）课程优化改进

利用商务英语实训效果评估对课程设计、教学内容、教学方法等方面进行评估和调整，可以提高课程的质量和效果。通过总结反思和实训过程中的经验教训，调整课程目标、教学内容和教学活动，确保课程设计符合学生的学习需求和实际情况，具有一定的针对性和灵活性。商务英语领域的知识和技能不断更新和变化，因此需要及时更新教学内容，确保其与实际应用紧密结合。可以引入最新的商务英语案例、行业资讯、实用工具等内容，提高课程的时效性和实用性。针对商务英语实训课程的特点和学生的学习习惯，尝试引入新的教学方法和教学技术，如案例教学、项目驱动学习、在线协作工具等，激发学生的学习兴趣和主动性，提高课程的吸引力和效果。根据实训效果评估结果，完善教材、教学设备、网络平台等方面的资源，保持更新和完善，以满足不同学生的学习需求和教学目标。可以开发符合实际需求的教学软件、多媒体教材等资源，提高教学资源的质量和丰富度。

第三节　商务英语实训课程教学反馈与课程改进策略

一、教学反馈的来源

（一）学生反馈

教学反馈对于商务英语实训课程的改进至关重要，而其来源主要包括学生反馈，其中包括课堂反馈、评价反馈以及建议投诉。这些反馈形式各具特点，可以为教师提供宝贵的指导和启示，从而实现课程质量的不断提升。

课堂反馈是学生在课堂上对教学内容和教学方法进行的实时反馈。在商务英语实训课程中，教师可以通过观察学生的表现、听取他们的意见和建议，及时了解学生的学习情况和需求，发现教学中存在的问题并及时加以调整和改进。例如，教师可以通过提问、小组讨论、课堂反馈问卷等方式，获取学生对教学内容的理解程度、学习兴趣和学习体验等方面的反馈，以便及时调整教学策略和方法，提高教学效果和学习满意度。评价反馈是学生对课程进行的系统性评价和反思。在商务英语实训课程中，可以通过课程评价问卷、作业评分、学习日志等形式，向学生征询他们对课程内容、教学方法、教师教学水平等方面的评价和建议。通过分析评价反馈数据，可以了解学生对课程的整体满意度、具体内容的认可度和改进意见，为课程改进提供有力支持。建议投诉是学生对课程中存在的问题或不满提出的意见和建议。在商务英语实训课程中，学生可能会对教学内容、教学方法、考核方式等方面提出建议或投诉意见。教师需要认真倾听学生的意见和建议，对于合理的建议积极采纳和改进，对于投诉意见及时处理和回应，建立良好的沟通机制和反馈机制，促进课程的持续改进和发展。

（二）同行反馈

同行反馈是商务英语实训课程教学反馈的另一个重要来源，其中包括课堂观摩、教研活动以及相互评价。这些形式的同行反馈能够促进教师之间的交流和学习，为课程改进提供新的视角和思路，从而提升课程的教学质量和效果。

教师可以互相邀请进行课堂观摩和教学反馈。通过观摩其他教师的课堂教学，教师可以发现不同教学方法和策略的优劣之处，借鉴他人的经验和教学技巧，为自己的教学提供新的启示和思考。观摩过程中，教师可以注意教学内容的设计、教学方法的运用、学生的反应等方面，提出建设性的意见和建议，促进彼此的教学成长和提升。教研活动是教师之间开展专题研讨和交流的重要形式，也是同行反馈的有效途径之一。在商务英语实训课程中，教师可以组织教研活动，围绕课程设计、教学方法、教学资源等方面展开讨论和交流，分享自己的教学经验和心得，探讨教学中遇到的问题和挑战，并共同寻求解决方案和改进策略。通过教研活动，教师可以深入思考和探讨课程教学的理论和实践问题，提高教学水平和专业素养。

教师之间也可以通过互相观摩课堂、共同备课、相互听课等形式进行同行反馈。教师可以针对彼此的教学实践进行评价和反馈，提出中肯的建议和改进意见，促进彼此的教学互动和交流。通过相互评价，教师可以发现自己的教学盲点和不足之处，及时调整教学策略和方法，提高教学效果和学生满意度。

（三）专家反馈

专家反馈包括课程论证、教学诊断以及督导评估。专家的反馈能够提供客观、专业的意见和建议，为课程改进提供科学依据和指导。

教师可以邀请相关领域的专家进行课程论证，从学科专业性、实践适用性、教学方法等方面进行评价和反馈。通过专家的论证意见，教师可以及时调整课程设计，确保课程的学术性和实用性，提高课程的质量和效果。教学诊断是专家对商务英语实训课程教学过程和效果进行全面评估和诊断的过程。专家可以通过课堂观摩、教学材料审查、学生作业评价等方式，对教学内容、教学方法、学生学习情况等方面进行综合评估，发现教学中存在的问题和改进空间，并提出相应的建议和改进措施。专家可以定期对课程进行督导评估，通过教学现场观摩、教学记录审查、学生表现评价等方式，全面了解课程的教学质量和学习效果，发现问题和挑战，并提出改进建议和措施。督导评估能够及时发现和解决教学中存在的问题，确保课程的持续改进和发展。

二、教学反馈的分析

（一）反馈内容分析

教学反馈的分析是商务英语实训课程教学改进的关键步骤，其中反馈内容的分析尤为重要。这包括对教学目标、教学内容、教学方法和教学组织等方面的分析，以便更好地理解学生和专家的反馈意见，为课程的改进提供具体的方向和措施。

教学目标直接关系到课程的设计和实施，通过分析学生和专家对教学目标的反馈，可以了解目标是否明确、具体、可行，是否与实际需求和学生水平相符合。如果存在目标不清晰或不切实际的问题，就需要重新审视和调整课程目标，确保其符合课程的定位和要求。教学内容是课程的核心部分，直接影响到学生的学习效果和成果。通过分析学生和专家对教学内容的反馈，可以了解内容的丰富度、逻辑性和实用性等方面的情况，发现内容中存在的漏洞和不足之处，及时调整和完善教学内容，提高课程的吸引力和学习效果。教学方法是实现教学目标的重要手段，直接影响到教学效果和学生的学习体验。通过分析学生和专家对教学方法的反馈，可以了解方法的多样性、灵活性和有效性等方面的情况，发现存在的问题和不足之处，及时调整和改进教学方法，提高教学效果和学习效率。教学组织是保障教学顺利进行的重要保障，直接影响到课堂的秩序和效率。通过分析学生和专家对教学组织的反馈，可以了解组织的合理性、紧凑性和协调性等方面的情况，发现存在的问题和改进空间，及时调整和优化教学组织，提高课堂教学的质量和效果。

（二）反馈形式分析

在商务英语实训课程的教学反馈中，反馈形式的分析是至关重要的。主要包括定量反馈、定性反馈以及综合反馈三种形式。

第一，定量反馈是通过数值化的方式对教学效果和学生反馈进行量化分析。这种形式的反馈通常包括诸如问卷调查的统计数据、考试成绩的分析等，能够直观地反映课程的效果和学生的满意度。通过定量反馈的分析，教师可以快速了解课程的整体情况，发现问题和趋势，并采取相应的措施进行改进和优化。

第二，定性反馈是通过描述和解释的方式对教学过程和效果进行分析。这种形式的反馈通常包括学生的口头反馈、教师的观察记录、专家的评价意见等，能够深入了解教学过程中的具体情况和问题。通过定性反馈的分析，教师可以探究问题的根源，深入了解学生的需求和反馈，为课程的改进提供具体的建议和方向。

综合反馈是将定量反馈和定性反馈进行综合分析，以全面、客观的方式评价教学效果。这种形式的反馈能够充分利用定量和定性两种反馈的优势，结合实际情况进行分析，从多个角度全面评估课程的教学质量和学生的学习效果。通过综合反馈的分析，教师可以更加全面地了解课程的优势和不足，制定更加有效的改进策略和措施。

（三）反馈趋势分析

在商务英语实训课程的教学反馈中，除了分析反馈内容和反馈形式外，还可以从反馈趋势的角度进行分析。这种分析可以从时间维度、主题维度和对象维度等多个方面展开，以全面把握反馈的发展趋势和特点。

首先，时间维度的分析是指对教学反馈在时间上的分布和变化进行分析。通过对不同时间段内的反馈数据进行比较和分析，可以发现反馈情况的变化趋势和规律。例如，可以比较每个学期或每个阶段的反馈情况，观察学生的反馈意见是否有所改变，教学效果是否有所提升。此外，还可以分析反馈的季节性、周期性等特点，了解不同时间段教学反馈的特点和规律。

其次，主题维度的分析是指对不同反馈主题的分布和变化进行分析。在商务英语实训课程中，教学反馈可能涉及到课程目标、教学内容、教学方法、教学组织等多个方面。通过对不同主题的反馈数据进行整理和分析，可以发现反馈重点和热点问题，了解学生和专家对不同方面的关注程度和评价情况，为课程改进提供重要参考。

最后，对象维度的分析是指对不同反馈对象的分布和特点进行分析。在商务英语实训课程中，教学反馈的对象包括学生、教师、专家等多方面。通过对不同反馈对象的反馈意见进行整理和比较，可以了解不同对象对课程的关注点和评价标准，发现存在的问题和改进空间，为课程的持续改进提供参考。

三、课程改进策略

（一）目标层面

在商务英语实训课程的改进策略中，目标层面是至关重要的一环。通过对目标的明确定位和优化目标体系，可以确保课程的目标具有针对性、可行性和实效性，为课程的改进提供明确的方向和目标。

商务英语实训课程的目标定位应该与课程的定位和目标相一致，符合课程的特点和学生的需求。教师应该深入分析课程的定位和目标，了解课程的核心任务和关键目标，明确课程应该达到的效果和期望，以便为课程的改进提供明确的方向和目标。商务英语实训课程的目标体系应该具有完整性和系统性，包括课程目标、教学目标和学习目标等多个层次和维度。教师应该对目标体系进行系统梳理和优化，明确各个目标之间的关系和相互作用，确保目标体系的完整性和内在一致性，为课程的改进提供科学的基础和依据。

在优化目标体系的过程中，教师可以考虑以下三个方面。

1.明确课程目标：商务英语实训课程的课程目标应该具有针对性和实践性，能够直接服务于学生的实际需求和职业发展。教师应该明确课程目标，确保其具有明确的指导意义和实施价值。

2.优化教学目标：商务英语实训课程的教学目标应该具有可操作性和可测量性，能够指导教学实践和评价效果。教师应该优化教学目标，明确目标的具体内容和实现路径，为教学活动的设计和实施提供明确的指导。

3.强化学习目标：商务英语实训课程的学习目标应该具有启发性和引导性，能够激发学生的学习兴趣和主动性。教师应该强化学习目标，设计丰富多样的学习任务和活动，提供多样化的学习资源和支持，激发学生的学习动力和潜力。

（二）内容层面

在商务英语实训课程的改进策略中，内容层面的更新和优化是至关重要的一环。通过更新内容和优化结构，可以确保课程内容与时俱进、符合实际需求，并提高课程的吸引力和实用性。

商务英语领域的知识和技能不断发展和变化，教师应该及时更新课程内容，确保其与最新的商务英语实践和行业发展相适应。可以通过跟踪最新的商务英语研究成果、行业动态和实践案例，更新课程内容，引入最新的理论和实践内容，丰富课程的教学资源和内容。商务英语实训课程的结构应该合理清晰，各个模块和环节之间相互关联、有机衔接，能够有效地达成教学目标。教师应该对课程结构进行全面评估和优化，确保其逻辑严谨、内容完整，具有明确的学习路径和教学流程，提高课程的教学效果和学习效率。

在优化课程内容和结构的过程中，教师可以考虑以下三个方面。

1.更新课程内容：根据商务英语领域的最新发展和学术研究成果，更新课程内容，引入新的理论和实践内容，丰富课程的教学资源和内容，提高课程的吸引力和实用性。

2. 优化课程结构：对课程结构进行全面评估和优化，梳理课程的逻辑关系和内在连接，优化课程的组织形式和教学流程，提高课程的教学效果和学习效率。

3. 整合教学资源：整合商务英语实训课程的教学资源和工具，包括教材、案例、多媒体资料等，为学生提供丰富多样的学习资源和支持，提高课程的教学质量和学习效果。

（三）方法层面

在商务英语实训课程的改进策略中，方法层面的创新是至关重要的一环。通过创新教学模式和运用新技术，可以提高课程的教学效果和学习体验，激发学生的学习兴趣和主动性。

商务英语实训课程的教学模式应该符合课程的特点和学生的需求，能够有效地促进学生的学习和发展。教师可以尝试引入问题导向的教学模式、项目驱动的教学模式、合作学习的教学模式等，通过改变教学方式和组织形式，激发学生的学习兴趣和参与度，提高课程的教学效果和学习效率。随着信息技术的不断发展和应用，教师可以运用新技术来支持商务英语实训课程的教学和学习。可以利用互联网资源、多媒体技术、在线学习平台等，丰富课程的教学内容和资源，提供个性化的学习体验和支持，促进学生的自主学习和合作学习，提高课程的教学质量和学习效果。

在创新教学模式和运用新技术的过程中，教师可以考虑以下三个方面。

1. 探索教学创新：积极探索适合商务英语实训课程的教学创新模式和方法，尝试引入问题解决、案例分析、角色扮演等活动，激发学生的学习兴趣和主动性，提高课程的教学效果和学习效果。

2. 运用信息技术：充分利用信息技术支持商务英语实训课程的教学和学习，包括互联网资源、多媒体技术、在线学习平台等，提供个性化的学习资源和支持，促进学生的自主学习和合作学习，提高课程的教学质量和学习效果。

3. 整合教学资源：整合商务英语实训课程的教学资源和工具，包括教材、案例、多媒体资料等，为学生提供丰富多样的学习资源和支持，提高课程的教学质量和学习效果。

（四）评价层面

在商务英语实训课程的改进策略中，评价层面的完善和创新至关重要。通过完善考核方式和创新评价工具，可以更准确地评估学生的学习情况和课程的教学效果，为课程的持续改进提供重要依据和支持。

商务英语实训课程的考核方式应该与课程目标和教学内容相匹配，能够全面、客观地评价学生的学习情况和能力水平。教师可以采用多元化的考核方式，包括笔试、口试、实践操作、项目报告等，结合课程的实际情况和学生的特点，设计合理有效的考核方式，确保考核结果的客观性和准确性。商务英语实训课程的评价工具应该具有科学性和实用性，能够全面、细致地评价学生的学习情况和课程的教学效果。教师可以尝试引入新的评价工具，如学习日志、案例分析、项目评估等，结合学生的实际表现和课程的教学特点，设计创新性的评价工具，提高评价的灵活性和针对性。

在完善考核方式和创新评价工具的过程中，教师可以考虑以下三个方面。

1.考核方式的综合运用：结合商务英语实训课程的特点和学生的需求，综合运用不同的考核方式，包括笔试、口试、实践操作、项目报告等，确保考核方式的多样性和全面性，更好地评价学生的学习情况和能力水平。

2.评价工具的创新设计：根据商务英语实训课程的教学内容和学生的学习特点，创新设计评价工具，如学习日志、案例分析、项目评估等，提高评价工具的灵活性和针对性，更好地反映学生的学习过程和成果。

3.评价结果的及时反馈：及时向学生反馈评价结果，指导他们及时调整学习策略和方法，促进学生的进步和提高，同时也为课程的持续改进提供重要参考。

（五）条件层面

在商务英语实训课程的改进策略中，条件层面的改善对于提高课程的教学质量和学习效果至关重要。其中，师资队伍建设和硬件环境改善是两个重要的方面。

商务英语实训课程的教师需要具备丰富的商务英语教学经验和专业知识，能够灵活运用教学方法，针对学生的需求进行教学设计和实施。因此，教师需要不断提高自身的教学水平和专业素养，参加相关的培训和进修，提升教学能力和教学效果。商务英语实训课程需要适当的硬件设施和教学环境来支持教学活动的开展，包括教室设施、多媒体设备、实践操作平台等。因此，学校和教育机构需要加大投入，改善硬件设施和教学环境，为商务英语实训课程的教学提供良好的条件保障。

在改善条件层面的过程中，教师和教育管理者可以考虑以下三个方面。

1. 加强师资队伍建设：学校和教育机构可以加大对商务英语实训课程教师的培训和进修支持，提供相关的培训和进修机会，帮助教师不断提高教学水平和专业素养，提升课程的教学质量和学习效果。

2. 改善硬件环境：学校和教育机构可以增加对商务英语实训课程的投入，改善教室设施和多媒体设备，提供实践操作平台和实验室资源，为课程的教学活动提供良好的硬件环境支持，提高课程的教学效果和学习体验。

3. 加强管理和服务：学校和教育机构可以加强对商务英语实训课程的管理和服务，建立健全的课程管理机制和服务体系，加强对教学活动的监督和评估，及时解决教学中的问题和困难，保障课程的正常开展和教学效果的实现。

四、课程改进质量保证

课程改进的质量保证是商务英语实训课程持续发展的关键。在此过程中，制度政策保障、组织领导保证以及经费投入保证是至关重要的三个方面。

首先，学校或教育机构需要建立健全的课程改进制度和政策，明确课程改进的目标、方向和原则，规范课程改进的程序和要求，为课程改进提供制度保障。制度政策应该涵盖课程改进的各个环节，包括课程设计、教学实施、评价反馈等，确保课程改进的科学性、规范性和有效性。其次，学校或教育机构需要加强对商务英语实训课程改进工作的组织领导，明确责任分工，加强协调配合，推动课程改进工作的顺利开展。组织领导者应该具有教育管理经验和商务英语教学背景，能够有效地组织和指导课程改进工作，营造良好的工作氛围和团队合作精神，激发教师和学生的积极性和创造力。最后，商务英语实训课程的改进需要足够的经费支持，包括教材更新、教学设备更新、教师培训等方面的经费投入。学校或教育机构应该加大对商务英语实训课程改进的经费投入，提供充足的经费支持，保障课程改进工作的顺利开展。同时，还需要加强对经费使用的监督和管理，确保经费使用的合理性和效益性，最大限度地发挥经费的作用。

第七章　商务英语实训教师角色与能力培养

第一节　商务英语实训教师的角色定位与职责划分

商务英语实训教学与传统课堂教学存在显著差异。在实训教学中，注重情境模拟和真实任务，学生通过参与模拟商务场景和完成真实任务来学习语言和应用商务技能。这种情境化学习与传统课堂中的抽象概念相比，更加贴近实际商务环境。同时，实训教学强调过程性和实践性，不仅关注学生最终的成果，更注重学习过程中的反思和改进。学生在实践中学习，通过尝试和错误的过程不断提升自己的技能和解决问题的能力，这与传统课堂中注重考试成绩的评估方式形成鲜明对比。因此，实训教学要求教师转变角色，不再是知识的单向传授者，而是成为学生学习过程中的指导者和协助者。

一、商务英语实训教师的角色定位

（一）商务英语实训教师与传统商务英语教师角色的差异

1. 从教师主导到学生主体

在传统商务英语教学中，教师通常扮演主导角色，课堂结构和内容由教师决定，学生主要是被动接受者。这种模式可能限制了学生主动性和创造性的发展，因为他们的任务主要是记忆和复现教师提供的信息。相比之下，商务英语实训教学强调学生的主体性。在这种教学模式中，学生被鼓励主动探索和解决问题，教师则转变为辅导者和协助者的角色。通过实际情境的模拟，例如模拟会议、谈判或项目策划，学生需要自己搜集信息、制订策略并执行计划，从而更好地理解和应用商务英语。

2. 从单向输出到双向互动

在传统的商务英语课堂上，教师的角色往往是信息的单向传递者，学生的互

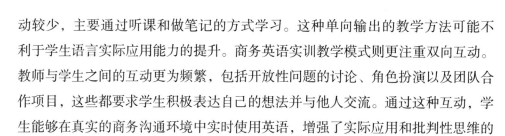

动较少，主要通过听课和做笔记的方式学习。这种单向输出的教学方法可能不利于学生语言实际应用能力的提升。商务英语实训教学模式则更注重双向互动。教师与学生之间的互动更为频繁，包括开放性问题的讨论、角色扮演以及团队合作项目，这些都要求学生积极表达自己的想法并与他人交流。通过这种互动，学生能够在真实的商务沟通环境中实时使用英语，增强了实际应用和批判性思维的能力。

3. 从理论授课到实践导向

传统商务英语教学往往侧重于理论知识的讲授，比如商务信函的格式、会议的开展方式等，而实际操作和应用可能会被忽视。商务英语实训教师则采用实践导向的教学方法，将课堂重点放在学生能力的实际培养上。这种方式不仅包括理论知识的传授，更重要的是通过案例分析、项目实践和模拟演练等方法，让学生在实际的商务场景中运用所学知识，解决问题。例如，通过组织模拟的商务谈判，学生可以亲身体验谈判过程，学习如何在压力下使用英语进行有效沟通。

总体来说，商务英语实训教师与传统教师的角色差异体现在教学理念和方法上，更加注重学生的主动参与、双向互动和实际操作能力的培养，旨在为学生提供更全面的商务英语实际应用能力。这种教学模式更能适应当代商务交流的实际需求，帮助学生在未来的职业生涯中更有效地使用商务英语。

（二）商务英语实训教师的角色定位

1. 导师角色

在当今快速发展的国际商务环境中，商务英语教学不仅仅要求教师传授语言知识，更要求他们能够引导学生在真实的商务场景中有效应用这些知识。商务英语实训教师的角色变得更加多元和复杂。

作为知识传授者，商务英语实训教师的首要职责是确保学生掌握必需的语言技能和商务知识。这不仅包括语法、词汇和发音等基本英语技能，还包括商务通信、报告编写、会议发言、谈判技巧等专业知识。商务英语实训教师需要设计课程内容，使之既有系统性也有针对性，以覆盖从初级到高级的不同层次，确保学生能在各种商务交流场合中自如使用英语。在这一角色中，教师需要具备深厚的专业知识基础，并不断更新自己的知识库，以适应全球化商务环境中不断变化的需求。教师还需要通过多种教学手段，如讲座、视频教材、互动软件等，提高教学的效果和效率，使学生能够在理解和使用英语的同时，增进对商务实务的理解。

在商务英语实训中，教师的角色不仅仅是知识的传递者，更是学习过程的引导者。这一角色要求教师不只是在课堂上讲授理论，更要通过设置情景模拟、项目任务、团队合作等方式，引导学生将课堂上学到的知识应用到实际情境中。例如，通过模拟商务谈判，教师可以让学生分组扮演不同的商务角色，实际操作如何在谈判中表达自己的观点、如何进行反驳、如何达成协议等。过程引导者还意味着教师需要监控学生的学习进程，提供及时的反馈和指导。这种持续的反馈机制帮助学生理解自己在学习过程中的强项和弱点，更好地调整学习策略。此外，教师还需鼓励学生进行自我反思，发展批判性思维和解决问题的能力，这些都是现代商务环境中不可或缺的技能。

商务英语实训教师作为经验分享者，需要将自己在实际商务环境中积累的经验转化为学习资源，分享给学生。这包括对商务文化的理解、国际商务交流中的实际案例、以及在特定商务场合下的语言使用策略等。通过分享这些实际经验，教师不仅帮助学生学习语言，更帮助他们了解语言背后的文化和情境，使他们能更好地适应国际商务环境。经验分享也涉及与学生的深入互动，让学生能够从教师的经历中学到如何处理实际问题，如何在商务沟通中避免文化冲突等。教师可以通过讲述自己的经历、邀请商务人士进行讲座、组织实地考察等方式，使学生对商务英语有一个全方位的理解。

2. 合作角色

在商务英语实训的环境中，教师不仅仅担任传统的教育者角色，还需要以合作的方式参与到教学过程中，这包括作为学习伙伴、团队合作者以及互动交流者。这些角色使得教师与学生之间的关系更加平等和互动，促进了更深层次的学习和理解。

作为学习伙伴，商务英语实训教师与学生站在同一阵线上，共同探索语言和商务知识的应用。在这一角色中，教师更多地以指导者和参与者的身份出现，而不是仅仅作为知识的权威传递者。例如，在处理复杂的商务案例研究时，教师可以与学生一起分析情境，探讨不同的解决方案，通过提问引导学生深入思考问题的多个方面。这种方法不仅帮助学生建立自信，还促进了批判性思维的发展，使学生能够在实际商务环境中更加灵活地应用所学知识。

在商务英语实训的过程中，团队工作是不可或缺的一部分。教师在这里扮演的是团队合作者的角色，他们与学生一起工作，共同完成项目和任务。这种合作不仅限于学生之间的相互作用，教师也积极参与到小组讨论、项目规划和执行中。通过这种方式，教师能够从内部观察学生的互动、决策过程以及如何解决团队内的问题，进而提供具体和针对性的指导。此外，这种角色模式也有助于建立一个支持性的学习环境，学生能够在其中感到自己的意见和努力得到了重视。

作为互动交流者，教师在商务英语实训中扮演着促进交流和互动的角色。这包括不仅在课堂上与学生进行有效的沟通，还包括课下通过各种渠道维持交流，比如电子邮件、社交媒体平台或是学习管理系统。教师在这一过程中，不仅是信息的提供者，更是激励者和反馈的给予者。他们鼓励学生表达自己的观点，同时提供有建设性的反馈，帮助学生改进他们的语言和专业技能。通过这种双向的、多渠道的交流方式，教师能够更好地理解学生的需求和挑战，从而更有效地支持学生的学习进程。

这三个合作角色使商务英语实训教师与学生之间的关系更加密切，学习过程更为动态和互动，大大提高了学习效率和效果。教师作为学习伙伴、团队合作者和互动交流者的角色，不仅深化了学生的学习体验，也为学生将来在真实商务环境中的表现打下坚实的基础。

3. 评价者角色

在商务英语实训环境中，教师的评价者角色涵盖了过程评估者、结果评价者和反馈提供者三个关键方面，每个方面都对学生的学习成效和技能提升起到了核心作用。

作为过程评估者，商务英语实训教师需要关注学生学习过程中的各个细节，不仅仅是最终的成果。这种评估方式强调学生在学习过程中的表现，包括他们如何接近问题、解决问题的策略、团队合作能力以及适应变化的能力等。过程评估帮助教师了解学生在实际操作中的行为表现和决策过程，这些都是传统评估方法难以触及的。通过观察学生在模拟商务场景中的互动和任务执行，教师能够提供更具体和针对性的指导，帮助学生在未来遇到类似情境时能更好地应对。这种评估还鼓励学生更加积极地参与到学习过程中，因为他们知道不仅是结果，他们的努力和进步也会得到认可。

在商务英语实训中，教师同样承担着结果评价者的角色。这意味着除了评估学生的学习过程，教师还需要评估学生的最终成果，例如项目完成情况、演讲的效果、商务文档的质量等。结果评价为学生提供了一个明确的目标，促使他们不仅要参与学习过程，还要努力达到预设的学习成果。此外，结果评价也是教师评估自己教学效果和课程设计是否成功的重要方式。通过对结果的评价，教师可以确定哪些教学方法有效，哪些需要改进，从而不断优化教学策略和课程内容。

教师作为反馈提供者，这一角色是评价过程中不可或缺的一部分。高质量的反馈能够极大地促进学生的学习和成长。在商务英语实训中，教师提供的反馈应具有建设性，指出学生的优点和需要改进的地方，并给出具体的改进建议。这种反馈不仅限于书面或口头形式，还可以通过模拟练习、角色扮演后的讨论等多种形式实现。有效的反馈能够帮助学生清晰地认识到自己的强项和弱点，激励他们在未来的学习中更加主动地寻求进步。

二、实训教师的职责划分

（一）实训教学设计职责

实训教师在商务英语的教学中担负着特别的职责，这些职责不仅要求教师具备专业的教学能力，还要求他们能够创造和维护一个接近真实商务环境的学习场景。

1. 制定实训目标

实训教师的首要职责是明确和制定实训课程的具体学习目标。这些目标需要具体、可衡量，并且与学生的职业发展目标相对应。在商务英语实训中，这可能包括提高学生的商务沟通技巧、谈判技巧、商务写作能力等。制定目标的过程中需要教师深入理解商务环境的实际需求，并将这些需求转化为具体的学习成果，确保实训活动能够有效地帮助学生提升他们在真实商务环境中所需的具体能力。

2. 设计情境任务

设计情境任务是实训教师职责中的重要一环，涉及将实训目标转化为具体的学习活动。教师需要设计一系列基于真实商务场景的任务，例如客户会议、项目策划、市场调研等。这些任务不仅要求学生运用他们的语言技能，更要求他们运用商务知识来解决问题。在设计这些任务时，教师需考虑任务的复杂性与学生的能力相匹配，并确保每个任务都能够推动学生向实训目标迈进。

3. 创设模拟情境

创设模拟情境是实训教学中提升学习效果的关键。实训教师需要根据设计的情境任务来构建尽可能贴近真实的商务环境。可能包括模拟办公室设置、会议室互动、在线视频会议等形式。模拟情境的创设需要教师具有高度的创造性和实际操作能力，以确保情境的真实性和学习的沉浸感。这种模拟不仅帮助学生在安全的环境中练习和犯错，也能够提高他们解决实际问题的能力。

4. 准备实训资源

实训教师需要准备适合于实训的各种资源，包括教学材料、技术工具、实训手册等。教师需要选择或创建能够支持模拟情境和情境任务的教学资源。这可能涉及到最新的商务软件、专业的商务文档模板、实时数据分析工具等。资源的准备不仅要支持教学内容的传递，更要增强学生的实践操作经验，使他们能够在类似的商务环境中运用这些工具和资源解决问题。

（二）实训教学实施职责

实训教师在商务英语课程中的实施职责是多方面的，涉及从组织情境体验到激发学习动机的一系列关键活动。这些职责确保了教学活动不仅仅停留在理论层面，而是深入到实践和应用中，使学生能在模拟的商务环境中充分运用所学知识和技能。

实训教师的首要职责是精心设计和组织真实感强的情境体验，使学生能够在控制的环境中模拟商务场景。这包括创建具有实际商务背景的模拟环境，如模拟公司会议、国际贸易谈判、客户服务交流等。教师需要确保这些情境不仅真实可信，而且与学生的学习目标和预期的职业路径紧密相关。通过这种情境体验，学生能够将理论知识与实际情况结合起来，更好地理解和掌握商务英语的实际应用。在实训课程中，教师需要积极引导学生进行各种实践活动。这包括指导学生如何准备和进行商务演讲、如何撰写商务文档、如何在团队中有效沟通等。引导实践活动的过程中，教师应鼓励学生主动探索和解决问题，提供必要的支持和资源，帮助学生通过反复练习来精炼他们的技能。此外，教师还应关注学生在实践中的表现，提供及时的反馈，以便学生能够不断改进和适应各种商务交流场合。商务环境通常要求良好的团队协作能力。因此，实训教师的一个重要职责是促进学生之间的交互与协作。这可以通过组织团队项目、协作任务或团队讨论来实现。教师需要创造机会让学生在团队中承担不同的角色，如领导者、记录员、分析师等，从而学习如何在多元化团队中工作并发挥各自的长处。通过这种方式，学生不仅可以提高自己的英语交流能力，还能学习如何在团队中有效地解决问题和冲突。最后，激发和维持学生的学习动机是实训教师不可或缺的职责。动机是学习成功的关键驱动力。实训教师应通过多种策略来激发学生的兴趣和热情，例如设定明确的学习目标、展示学习成果的实际应用、提供正面的鼓励和奖励等。教师还可以通过讲述成功案例或邀请商务英语使用者分享经验来增强学生的学习动力。此外，适当的挑战和竞争也可以提高学生的参与度和积极性。

通过这些职责的履行，实训教师不仅帮助学生掌握必要的商务英语技能，更为他们进入实际的商务环境做好充分的准备。这种教学实施方式确保了学习活动的有效性和实用性，使学生能够在未来的职业生涯中发挥所学知识的最大价值。

（三）教学评价职责

实训教师在商务英语教学中的评价职责是确保评估过程公正、全面，并有效促进学生的学习与成长。教学评价不仅关注学生的知识掌握程度，更重视他们在实际应用中的能力。

实训教师的首要评价职责是制定清晰、具体的实践能力标准。这些标准应直接关联商务环境中所需的具体技能，如沟通能力、团队合作、问题解决能力以及专业文档制作能力等。标准的制定需要基于行业需求和学术要求，确保学生在完成实训课程后，能够达到预期的职业素养和技能水平。这些标准不仅指导教学活动的设计和实施，也为评价提供了具体的参考依据，使评价更加目标导向和结果可测。为全面评估学生的商务英语能力和实际应用水平，实训教师需要采用多元评价方式。这包括但不限于传统的笔试和口试，更重要的是包括项目作业、模拟演练、同伴评价、自我评价等多种形式。通过多元评价方式，可以从不同角度和层面上评估学生的综合能力，更全面地反映学生的学习效果和进步。例如，通过团队项目评价学生的协作和领导能力，通过模拟商务谈判评价学生的实际操作能力和压力下的表现。

评价过程中的反馈环节对于学生的学习成长至关重要。实训教师在进行教学评价后，应提供及时、具体且建设性的反馈。这种反馈应具体到学生在特定任务中的表现，突出他们的优点并指出改进的具体方向。积极的反馈不仅能够鼓励学生，增强他们的自信心和学习动力，还能帮助他们明确未来的学习重点和改进策略。为了使反馈更加有效，教师可以采用面对面讨论、书面评论或电子反馈等多种方式，确保学生能够理解和接受反馈内容。

通过制定实践能力标准、采用多元评价方式以及提供积极反馈，实训教师能够有效地执行其教学评价职责，不仅帮助学生达到商务英语的应用标准，更促进他们成为能够自我调整和持续发展的专业人才。这种评价机制确保了教学活动的质量和效果，是高质量商务英语教学的关键组成部分。

（四）师生协作职责

在商务英语实训教学中，师生协作职责是确保教学活动的有效性和学习体验的优质性的关键。这些职责涵盖了建立平等互助的合作关系、相互尊重与信任，以及建立开放互动模式等方面。

在实训环境中，教师与学生之间的关系应当是伙伴关系而非传统的上下级关系。这种平等互助的合作关系鼓励学生主动参与到学习过程中，感觉自己的贡献被珍视和需要。教师在这种关系中充当指导者和协作者的角色，而不仅仅是知识的传授者。例如，在团队项目中，教师可以与学生一同讨论策略，解决问题，并共同探索最佳实践方法。这种方式不仅能够激发学生的创造力和批判性思维，还能增强学生的责任感和团队协作能力。建立一个成功的教学环境需要基于相互尊重与信任。教师应尊重学生的意见和学习方式，信任学生的能力和承诺，同时学生也应尊重教师的指导和经验。这种双向尊重和信任是实训教学成功的基石，可以促进一个开放和正直的学习氛围。例如，教师在评价学生的表现时，应公正无私，确保评价标准明确透明，而学生应诚实展示自己的工作和成果。通过相互尊重和信任，师生之间可以建立起强有力的合作关系，共同应对学习过程中的挑战。为了促进有效的学习，教师需要与学生建立开放的互动模式。这意味着教师应鼓励学生表达自己的观点，提出问题，并对教学内容提供反馈。教师应当提供多种渠道和机会，让学生能够在课堂内外自由交流思想。例如，可以利用在线论坛、小组讨论和一对一的会议等多样化的交流方式，确保每个学生都有机会参与到讨论中，表达自己的见解和疑惑。开放的互动模式不仅有助于建立学生的自信，还可以增强教学内容的吸收和理解。

通过实现这些师生协作职责，实训教师不仅能够提高教学效果，还能促进学生的全面发展，为他们将来在复杂的商务环境中成功铺平道路。

第二节　商务英语实训教师的专业知识与能力要求

一、专业知识要求

（一）商务英语理论知识

实训教师在商务英语领域需要具备丰富的专业知识，包括商务英语理论知识、语言知识、语用知识和文化知识。

首先，商务英语理论知识是实训教师的基础，他们需要深入理解商务英语的相关理论，包括商务交际理论、跨文化交际理论、商务沟通理论等。这些理论知识可以帮助实训教师更好地把握商务英语教学的核心内容和教学方法，指导学生在实践中运用商务英语进行有效的交流和沟通。其次，商务英语语言知识是实训教师的基本功，他们需要精通商务英语的词汇、语法、语音等基础知识，能够准确理解和运用商务英语的语言规范和表达方式。这些语言知识是实训教师进行商务英语教学的基础，也是学生掌握商务英语的关键。再次，除了语言知识，实训教师还需要了解商务英语的语用知识，即商务英语在实际交际中的使用规范和礼仪。他们需要了解商务英语的不同语境下的用语规范和表达方式，能够指导学生在商务场合中进行有效的交际和沟通，避免出现不恰当或误解的情况。最后，商务英语的文化知识也是实训教师必须具备的重要内容。商务英语不仅仅是语言的学习，还涉及商务文化、礼仪和习惯等方面的内容。实训教师需要了解不同国家和地区的商务文化特点，能够指导学生在跨文化交际中避免文化冲突和误解，提高其商务交际的成功率和效果。

（二）商务实践知识

商务实践知识对于实训教师在商务英语教学中起着至关重要的作用，其中包括商务运作知识、行业背景知识和职业素养知识。

商务运作知识涵盖了商务活动的基本流程和操作方法。实训教师需要了解企业的运作模式、管理流程、市场营销策略等方面的知识，能够向学生传授商务活动的基本知识和技能。例如，他们需要了解国际贸易的基本流程、商务合同的起草和执行、国际支付方式等内容，为学生提供实用的商务运作指导。行业背景知识是指对于特定行业的了解和掌握。实训教师需要根据教学内容和学生需求，深入了解不同行业的发展现状、行业特点、行业标准和规范等方面的知识，以便为学生提供与实际工作相关的教学内容和案例。例如，他们可以了解国际贸易、金融、市场营销等行业的最新发展趋势和潜在机会，指导学生选择适合自己发展的行业方向。职业素养知识是指商务从业者应具备的良好职业道德和行为准则。实训教师需要向学生传授职业道德和商务礼仪等方面的知识，培养其良好的职业素养和专业精神。例如，他们可以教导学生如何正确处理商务纠纷、保护客户利益、遵守商业合同等方面的内容，提高学生的职业道德意识和行为规范。

（三）跨文化交际知识

跨文化交际知识是实训教师在商务英语教学中必备的一项能力，包括文化差异知识、商务礼仪知识和跨文化交际策略。文化差异知识涉及不同国家、地区和民族的文化差异，包括语言、宗教、价值观念、习俗等方面的内容。实训教师需要了解不同文化背景下人们的行为习惯、沟通方式和思维模式，帮助学生理解和尊重不同文化背景下的差异，提高跨文化交际的能力和素养。实训教师需要教授学生在商务场合中的正确礼仪和行为规范，包括商务会议礼仪、商务宴请礼仪、商务信函礼仪等方面的内容。通过培养学生的商务礼仪意识和行为规范，帮助他们在跨文化交际中展现出良好的形象和素质。跨文化交际策略是指在不同文化背景下进行有效交流和沟通的方法和技巧。实训教师需要教授学生一些实用的跨文化交际策略，如尊重对方文化、倾听和理解对方观点、适应不同的沟通风格等。通过实践和案例分析，帮助学生掌握跨文化交际的技巧，提高他们在国际商务环境中的适应能力和竞争力。

二、专业能力要求

（一）语言运用能力

商务英语实训教师作为商务英语教学的主要承担者，需要具备多方面的专业能力，其中语言运用能力是至关重要的一项。语言运用能力主要包括听说读写能力、商务话语理解能力和商务文书写作能力。作为语言教学的基本功，听说读写能力直接影响着教师在课堂上的教学效果和学生的学习成果。教师应该能够准确地理解商务英语的听力材料，流利地表达商务英语的口语，熟练地阅读商务英语的文章，以及书写商务英语的文稿。这些基本能力的扎实掌握为教师能够有效地进行教学提供了重要的基础。商务英语的特点是涉及到商务活动和商务场景，教师需要能够理解商务话语中的专业术语、行业名词、商务用语等内容，并能够对其进行准确理解和解释。这种商务话语理解能力不仅可以帮助教师更好地准备教学材料和教学内容，还可以帮助他们在课堂上对学生的问题进行解答和引导。商务文书是商务交流的重要形式之一，教师需要能够编写商务英语的各类文书，如商务信函、商务报告、商务合同等。教师应该能够准确地运用商务英语的语言规范和表达方式，撰写出符合商务要求的文稿，以满足学生在商务实践中的需求。

（二）实践操作能力

商务英语实训教师作为商务领域的教学者，需要具备一定的实践操作能力，其中包括商务谈判能力、商务推介能力和项目管理能力。

商务谈判是商务活动中常见的一种交流形式，教师需要能够模拟商务谈判场景，引导学生学习谈判的技巧和策略。教师应该了解不同类型的商务谈判，如价格谈判、合同谈判、合作谈判等，掌握谈判的基本原则和技巧，能够向学生传授如何进行有效的商务谈判，达成双方的共赢目标。商务推介是向潜在客户或合作伙伴介绍自己的产品或服务，促成交易的关键环节。实训教师需要能够向学生展示商务推介的技巧和方法，包括如何进行产品介绍、如何展示产品特点和优势、如何应对客户提出的疑问和异议等。通过实际操作和案例分析，帮助学生掌握商务推介的技巧和策略，提高其在商务活动中的竞争力和效果。项目管理是商务活动中常见的一种管理方式，教师需要能够模拟项目管理的流程和方法，引导学生学习项目管理的技能和经验。教师应该了解项目管理的基本原理和流程，能够向学生介绍项目计划、项目实施、项目监控和项目总结等方面的内容，帮助他们理解项目管理的重要性和方法，提高其在实际工作中的项目管理能力。

（三）跨文化交际能力

跨文化交际能力对于商务英语实训教师至关重要。他们需要具备文化敏感性、文化适应性和跨文化沟通能力，以更好地指导学生进行跨文化交际和合作，提高学生的国际视野和竞争力，为他们的职业发展和未来就业提供重要的支持和保障。

文化敏感性是指敏锐地感知和理解不同文化背景下的差异，并能够对其进行正确的评估和处理的能力。实训教师需要具备对不同文化的敏感性，能够意识到不同文化之间存在的差异性，如语言、宗教、价值观念、习俗等。通过对文化敏感性的培养，教师可以更好地理解学生的文化背景和思维方式，从而更好地指导学生进行跨文化交际和合作。文化适应性是指在不同文化环境中能够适应和融入的能力。实训教师需要具备灵活的思维和行动能力，能够适应不同文化环境的要求和规范，不断调整和改进自己的教学方法和方式。通过培养文化适应性，教师可以更好地融入到国际商务教育的大环境中，为学生提供更加全面和有效的教学服务。跨文化沟通能力是指在跨文化交际中能够有效地进行沟通和交流的能力。实训教师需要具备良好的语言表达能力和倾听能力，能够适应不同文化环境下的沟通方式和规范，准确地理解他人的意图和表达，有效地传达自己的想法和观点。通过培养跨文化沟通能力，教师可以更好地与学生进行交流和互动，促进教学的深入和有效。

三、教学能力要求

（一）课程设计能力

课程设计能力对于商务英语实训教师来说至关重要，其中包括实训项目设计、教学活动设计和考核评价设计。

实训项目设计需要教师根据课程目标和学生的需求，确定适合的实践项目内容和任务。这些实训项目应该贴近实际商务场景，涵盖商务英语的各个方面，如商务会议、商务谈判、商务推介等。教师需要详细规划每个实训项目的目标、内容、流程和时间安排，确保项目的连贯性和系统性，以达到培养学生实际应用能力的目的。教师需要根据实训项目的特点和学生的学习情况，设计多样化和具有启发性的教学活动，如案例分析、角色扮演、小组讨论等。这些教学活动应该能够激发学生的学习兴趣，引导他们积极参与，提高其学习效果和实践能力。考核评价设计是课程设计的关键环节。教师需要设计科学合理的考核评价方式和标准，对学生的学习过程和成果进行全面、客观地评价。考核评价可以包括课堂表现、作业成绩、实训项目成果、期末考试等多种形式，以全面反映学生的学习水平和能力。同时，教师还需要及时给予学生反馈和指导，帮助他们发现问题、改进学习方法，提高学习效果和成绩。

（二）组织实施能力

组织实施能力是商务英语实训教师必备的关键能力，包括课堂组织管理、实训过程指导和现场反馈调整。课堂组织管理是实施有效教学的基础。教师需要具备良好的课堂管理能力，包括合理安排教学时间、确保教学秩序、引导学生参与、处理突发情况等方面。通过有效的课堂组织管理，教师可以营造良好的学习氛围，激发学生的学习兴趣，提高教学效果。教师在实施实训项目时需要对学生进行具体的指导和引导，帮助他们理解任务要求、掌握操作方法、解决问题等。教师应该注重与学生的互动和沟通，及时解答学生的疑问，指导他们顺利完成实训任务，提高实践能力和技能水平。最后教师需要在实施过程中及时观察和评估学生的表现，给予及时的反馈和指导。根据学生的实际情况和反馈意见，教师需要灵活调整教学方法和策略，以适应学生的需求和教学效果，确保教学过程的顺利进行和学习目标的达成。

（三）评价反馈能力

商务英语实训教师需要具备过程性评价、总结性评价和有效反馈提供等方面的能力，以帮助学生充分发挥潜力，实现个人目标和职业发展，为他们的未来就业和职业发展提供重要的支持和保障。

过程性评价是指在学习过程中对学生的学习情况进行持续性的评价和监控。实训教师需要通过观察学生的表现、检查学生的作业、参与学生的讨论等方式，及时发现学生的学习问题和困难，为他们提供必要的指导和帮助。过程性评价有助于教师及时调整教学策略，帮助学生及时解决学习困难，提高学习效果和成绩。总结性评价是指在学习结束后对学生的学习成果进行综合性的评价和总结。教师需要对学生的学习表现、作业成绩、实训项目成果等进行全面评估，总结学生的优点和不足，为他们提供明确的反馈和建议。总结性评价有助于学生了解自己的学习情况和水平，发现学习不足和提升空间，为今后的学习和发展制定合理的目标和计划。评价不是最终目的，教师需要根据学生的实际情况和需求，提供具体、及时、针对性的反馈和建议。反馈应该具有积极性和建设性，帮助学生认识到自己的优势和不足，激励他们克服困难，提高学习动力和自信心。同时，教师还应该注重与学生的沟通和互动，倾听他们的意见和建议，建立良好的师生关系，促进学生的全面发展。

四、综合素质要求

（一）专业素养

综合素质是商务英语实训教师成功开展教学工作的基础，专业素养包括职业操守、学习态度和创新意识。职业操守体现了一个教师对自己所从事工作的责任感和担当精神。教师应该具备高度的敬业精神，严谨的工作态度和诚信的职业道德，始终以学生的学习和成长为首要目标，为他们的发展负责，做到言行一致，言行规范，严格遵守教学纪律和职业准则，为学生成长成才树立良好榜样。作为教育工作者，教师应该保持持续学习的心态，不断更新知识、拓宽视野，提高自身的教学水平和专业能力。教师应该积极参加各类教育培训和学术交流活动，不断提升自己的学识和能力，保持对新知识、新技术的敏感性和开放性，以更好地满足学生的学习需求，促进教学质量的不断提高。随着社会经济的不断发展和变化，商务英语教育也需要不断创新，适应时代发展的需要。教师应该具备敏锐的观察力和洞察力，善于发现问题、解决问题，勇于尝试新的教学方法和手段，不断探索适合学生特点和教学目标的有效教学模式，提高教学效果和学生的学习兴趣。

（二）人文素养

商务英语实训教师应该具备人文素养。人文关怀是指教师对学生的关心和关爱，以及对人文精神的尊重和传承。商务英语实训教师应该关心每一位学生的成长和发展，倾听他们的需求和困难，给予他们必要的支持和帮助。在教学过程中，教师应该尊重学生的个性和价值观，引导他们树立正确的人生观和价值观，培养他们的社会责任感和公民意识，促进他们全面发展，成为有情怀、有担当的新时代青年。批判思维是指教师具备分析、评估和判断的能力，能够客观地看待事物，独立思考和创新思维。商务英语实训教师应该引导学生培养批判性思维，教会他们辨别信息的真伪，分析问题的本质，提出合理的解决方案。通过开展批判性思维的训练，教师可以帮助学生提高思维能力和创新能力，增强他们的问题解决能力和抗压能力，为他们未来的职业发展打下坚实的基础。最重要的是，商务英语实训教师应该注重德育工作，以身作则，言传身教，做学生的良师益友。教师应该积极倡导诚信、正直、责任等道德价值观，引导学生树立正确的人生观和价值观，培养他们的道德情操和社会责任感，促进他们全面发展，成为德智体美劳全面发展的社会主义建设者和接班人。

（三）社会能力

实训教师需要具备良好的沟通协作能力，组织领导能力和时间管理能力，才能更好地开展商务英语实训教学工作。

实训教师需要与学生、同事和其他相关人员进行有效的沟通，包括口头沟通和书面沟通。良好的沟通能力有助于教师更好地了解学生的需求和困难，与同事合作共事，与企业进行合作交流，促进教学工作的顺利进行和教学目标的实现。教师需要能够组织和领导教学活动，包括课堂教学、实训项目和学生实习等方面。教师应该具备良好的组织能力和团队管理能力，能够合理安排教学资源和时间，调动学生的学习积极性和参与度，促进学生的团队合作和共同进步。教师的工作任务繁重，需要合理安排时间，高效利用时间，确保教学工作的顺利进行和教学目标的实现。教师应该制定详细的教学计划和工作计划，设定明确的工作目标和时间节点，合理安排每天的工作任务和时间分配，做到有序进行，不拖延，不浪费时间，提高工作效率和教学质量。

第三节　商务英语实训教师的继续教育与发展

一、商务英语实训教师继续教育的必要性

（一）理论知识更新

随着时代的发展，商务领域的理论不断更新，跟踪学科前沿理论成为教师应该具备的素养。只有不断了解最新的理论动态，教师才能够在教学中为学生传授最为实用和前沿的知识。同时，掌握最新研究成果也是至关重要的。商务英语作为一个与时俱进的学科，其教学内容和方法需要根据最新的研究成果进行调整和优化。通过持续的教育培训，教师能够及时了解并应用最新的研究成果，提高教学水平和质量。此外，拓展知识视野也是持续教育的重要目标之一。商务英语涉及广泛的领域，包括但不限于商业管理、市场营销、国际贸易等，教师需要不断拓展自己的知识视野，以便更好地适应不同领域的教学需求。通过持续教育，教师可以学习到更多的知识和技能，提升自己的综合素质，为学生提供更加优质的教学服务。

（二）实践经验积累

商务英语实训教师持续教育的必要性不仅体现在理论知识的更新，还包括实践经验的积累。实践经验的积累对于教师来说同样至关重要。通过参与实训项目实践，教师可以深入了解商务领域的实际运作，并将理论知识与实际操作相结合，

为学生提供更加丰富和实用的教学内容。实践项目的参与不仅可以拓展教师的视野，还能够增加其在商务领域的实际经验，使其在教学中更具说服力和权威性。在实践项目中，教师不仅可以学习到商务实操的相关技能，还能够了解商务环境中的各种挑战和机遇。通过亲身体验商务实操环节，教师可以更加深入地理解商务活动的本质和规律，从而更好地指导学生进行实践操作。同时，实践项目也为教师提供了一个与行业专业人士交流学习的平台，可以借鉴他们的经验和教训，进一步提升自己的实践操作能力。实践经验的积累不仅对教师个人成长有着重要意义，也直接影响到教学质量和效果。只有经过实践的检验和验证，教师才能够更加准确地把握商务英语教学的要点和重点，从而更好地指导学生进行学习和实践。通过持续的实践经验积累，教师可以不断提升自己的教学水平和专业素养，为学生提供更加优质的教学服务。

（三）教学能力提升

随着信息技术的发展，越来越多的教学模式涌现出来，如在线教学、混合式教学、个性化教学等。教师需要积极学习这些新型教学模式，并灵活运用于实际教学中，以提高教学效果和学生的学习动力。除了学习新型教学模式，教师还应该掌握先进的教学方法。现代教育注重学生的主体地位和积极参与，因此教师需要运用各种启发式、互动式的教学方法，如案例教学、项目式学习、小组讨论等，激发学生的学习兴趣和潜力，提高他们的学习效果。良好的教学组织管理能够确保教学活动的顺利进行，有效地调动学生的学习积极性，并提高教学效率。教师需要具备良好的课堂管理技巧，能够有效地组织教学内容，合理安排教学时间，确保教学进度和质量。通过继续教育，实训教师可以更好地适应教育发展的需求，提升教学水平，为学生提供更加优质的教育服务。

二、继续教育的形式

（一）学历教育

继续教育的形式可以分为多种，其中学历教育是其中之一。

攻读学位是一种常见的学历教育形式，包括本科、硕士、博士等不同层次的学位。通过攻读学位，个体可以系统地学习相关专业知识和理论，获得相应学历证书，从而提升自己的学术水平和专业素养。在商务英语领域，攻读相关学位可以帮助教师深入研究商务英语教学理论和实践,提高自己的教学水平和研究能力。

在职深造是一种适合在职人员的学历教育形式。通过在职深造，个体可以在工作的同时继续学习，提升自己的专业技能和知识水平。在商务英语实训教师的情境下，可以选择在职深造的方式，例如参加在职研究生班、进修班等，以便更好地结合工作实践和学习理论，提升自己的教学水平和能力。

交流访学是一种通过到其他学校或机构进行学术交流和学习的形式。通过参与交流访学，个体可以了解其他地区或国家的最新教学理念和实践经验，拓展自己的学术视野，增加学术交流和合作的机会。在商务英语实训教师的情境下，可以选择到国内外其他大学或研究机构进行交流访学，以获得更广泛的学术资源和经验，促进自己的教学和研究工作的发展。

（二）培训进修

通过参加各种形式的培训进修活动，教师可以不断拓展自己的知识视野、更新教学理念、提升教学技能，从而更好地适应商务领域的发展需求，为学生提供更加优质的教学服务。

专题研讨会为商务英语实训教师提供了一个与同行交流学习的平台。在专题研讨会上，教师可以与来自不同地区、不同学校的同行进行深入的学术交流和探讨，了解最新的研究成果、学术观点和教学方法。例如，针对商务英语教学的专题研讨会可能涵盖商务沟通技巧、跨文化交际、商务写作等方面的内容，通过参与这些研讨会，教师可以了解最新的教学理念和实践经验，拓展自己的教学思路和方法。

专业培训班是商务英语实训教师进行培训进修的另一个重要途径。专业培训班通常由专业机构或教育培训机构组织，涵盖了商务英语教学的各个方面。参与者可以通过系统地学习相关领域的理论知识和实践技能，获取相关证书或资格认证，提升自己的专业素养和竞争力。例如，商务英语教学的专业培训班可能包括商务英语教学方法、商务文书写作、商务谈判技巧等内容，通过参加这些培训班，教师可以系统地学习商务英语教学的理论和实践，提高自己的教学水平和能力。

除了专题研讨会和专业培训班，教学观摩也是一种重要的培训进修形式。通过观摩其他教师的课堂教学活动，教师可以学习其教学方法和技巧，借鉴其成功的教学经验，提升自己的教学水平和能力。例如，教师可以观摩其他同行的商务英语课堂，了解他们的教学设计、教学组织和教学方法，通过反思和总结，不断优化自己的教学实践，提高教学效果和质量。

在进行培训进修的过程中，教师不仅可以获取最新的教学理念和实践经验，还可以建立起与同行的学术交流和合作关系，拓展自己的人脉资源。通过与其他教师的交流互动，教师可以不断激发自己的教学创新和探索精神，为商务英语教学注入新的活力和动力。

（三）自主学习

自主学习是商务英语实训教师进行继续教育的另一种重要形式，它强调个体在学习过程中的自主性和主动性，包括理论研究、实践探索和反思总结等方面。

商务英语实训教师可以通过阅读相关的学术论文、书籍和期刊，深入研究商务英语教学的理论基础和最新研究成果，探讨商务英语教学的核心概念和关键问题，从而拓展自己的学术视野，提高自己的学术水平和研究能力。例如，教师可以关注商务英语教学领域的最新研究动态，学习相关理论框架和研究方法，以便更好地指导自己的教学实践，并为学生提供更加全面和深入的教学内容。

商务英语实训教师可以通过实践活动，如设计教学案例、开展教学实验等，探索适合自己教学特点和学生需求的教学方法和手段，不断优化教学设计和教学实践，提高教学效果和质量。例如，教师可以设计一些商务英语实践项目或模拟场景，让学生在实践中应用所学知识和技能，培养学生的商务沟通能力和解决问题的能力，从而更好地促进学生的职业发展和就业竞争力。

商务英语实训教师还可以通过反思自己的教学实践和学习经验，总结教学过程中的成功经验和教训，发现问题并加以改进，不断提升自己的教学水平和能力。例如，教师可以定期对自己的教学活动进行回顾和总结，分析教学效果和学生反馈，找出存在的问题和改进的方向，以便更好地指导自己的教学实践，并不断提高教学质量和效果。

三、继续教育的途径

（一）校内培养

校内培养主要指在所在学校或教育机构内部提供的各种培训、学习和发展机会，旨在为教师提供更好的教育资源和支持，促进其教学能力和专业素养的提升。

学校可以举办的各类教师培训活动包括教学方法研讨会、教学案例分享会、教学技能讲座等，帮助教师了解最新的教学理念和方法，掌握有效的教学技能，提升自己的教学水平和能力。例如，学校可以组织商务英语教师参加专门针对商务英语教学的培训课程，学习商务英语教学的理论和实践，提高自己的教学水平和专业素养。

在大学内，教师还可以通过观摩其他教师的课堂教学活动，学习其教学方法和技巧，借鉴其成功的教学经验；同时，教师之间还可以开展教学经验的分享和交流，互相帮助解决教学中的困惑和问题，共同进步。例如，商务英语实训教师可以组织教学观摩活动，邀请其他同行来观摩自己的课堂教学，互相学习和提升。

学校可以建立教师教学发展中心或教师教育培训基地，提供丰富多样的学习资源和支持服务，包括教学资料、教学工具、教学技术支持等，帮助教师更好地进行教学研究和教学实践，提高教学效果和质量。例如，学校可以建立一个商务英语教学资源库，收集整理相关的教学资料和案例，供教师使用和参考。

（二）校外培训

商务英语实训教师的校外培训是为了提高教师的专业素质和教学水平，使其能够更好地适应商务英语教学的需求，培养学生的实际应用能力和跨文化交际能力。在这样的培训中，参加会议是一个重要的环节。通过参加国内外的商务英语教学研讨会、学术论坛和专业培训班，教师们可以了解最新的教学理念、方法和技术，与同行进行交流和分享，拓展自己的视野，提高教学水平。在会议上，他们不仅可以听取专家学者的讲座，还可以参与研讨和小组讨论，深入探讨教学中的难点和热点问题，探索解决之道。

除了参加会议，商务英语实训教师还可以通过参与商务英语教学项目的设计与实施，了解项目管理的基本原理和方法，学习如何组织和管理教学资源，培养团队合作精神和项目管理能力。在项目中，教师们将面对真实的教学需求和挑战，通过与学生、企业和社会各界合作，提高自己的实践能力和创新能力，不断完善商务英语教学体系，推动教学改革和创新。

到企业实习也是商务英语实训教师校外培训的重要组成部分。通过到企业进行实地考察和实习，教师们可以了解企业的运作机制、管理模式和文化特点，深入了解商务英语在实际工作中的应用情况和需求，为教学内容和方法的更新和调整提供实践基础和借鉴经验。在企业实习中，教师们将亲身体验商务环境，感受商务沟通的氛围和技巧，进一步提高自己的语言表达能力和交际能力，为学生的职业发展和就业提供更加有力的支持和指导。

（三）国际交流

出国进修是一种深度的学习体验。通过赴外学习，个人可以接触到不同国家、不同文化的学习环境和教学方法，拓展自己的国际视野和学术眼界。在国外学习期间，可以与来自世界各地的学者和同行进行交流和合作，深入研究专业领域的前沿问题，学习先进的科研方法和技术，提高自己的学术水平和研究能力。

除了出国进修，利用在线课程也是一种便捷的学习方式。随着互联网的发展，越来越多的大学和机构提供了丰富多样的在线课程，涵盖了各个学科和专业领域。通过参加在线课程，个人可以在不受时间和空间限制的情况下，随时随地学习自己感兴趣的课程和专业知识。这不仅可以提高自己的专业水平，还可以了解国际前沿科技和学术动态，为自己的学术研究和职业发展提供更广阔的平台和机遇。

国际会议汇集了来自世界各地的学者、专家和从业者，是学术交流和合作的重要平台。在国际会议上，个人可以向他人介绍自己的研究成果和学术观点，与同行进行深入的学术讨论和交流，了解最新的研究进展和学术动态，拓展自己的学术视野和人脉关系，促进学术合作和项目合作的开展。

四、实训教师发展规划

（一）职业生涯设计

实训教师应该清晰地了解自己的职业兴趣、价值观和能力特长，以此为基础确定职业发展方向。在商务英语领域，实训教师可以选择深耕教学，致力于教育教学领域的研究与实践；也可以选择广度发展，涉足企业培训、行业咨询等领域，拓展自己的职业发展空间。实训教师需要制定长远的职业目标，并制定相应的短期和中期规划。这些目标和规划应该与个人的职业兴趣和价值观相匹配，同时考虑到行业的发展趋势和自身的实际情况。比如，一个实训教师可以设定在未来五年内完成一项重要教育研究项目，或者获得相关领域的专业资格认证。实训教师需要不断调整和完善自己的职业生涯设计，随着个人成长和行业变化而变化。在职业生涯设计的过程中，实训教师应该保持灵活性和适应性，及时调整自己的职业目标和规划，以适应不断变化的教育环境和职业需求。

（二）能力素质培养

实训教师需要具备扎实的教学技能和方法，包括课堂教学设计、教学评估和学生指导等方面的能力。通过参加教师培训和研修班、观摩优秀教师课堂等方式，不断提高自己的教学水平和能力。在实训教育中，教师往往需要与其他教师、学生和企业合作，共同完成教学任务。因此，实训教师应该注重培养自己的团队意识和合作精神，善于与他人沟通和协调，共同推动教育教学工作的顺利进行。实训教师还需要不断提升自己的专业知识和技能。商务英语作为一门专业性较强的学科，教师需要具备丰富的商务知识和英语能力，以便更好地开展教学工作。因此，实训教师应该积极参加学术研讨会、阅读相关专业书籍和文献，不断扩充自己的知识储备，保持专业素养的提升。

（三）发展目标确立

实训教师在职业生涯发展过程中，需要明确自己的发展目标，以此为指引不断前行。发展目标应该与个人的职业兴趣和价值观相契合，能够激励个人不断努力和进取。比如，一个实训教师的发展目标可能是成为商务英语教育领域的专家或者是在某一特定领域获得认可。发展目标应该具有一定的可行性和实现性。在确定发展目标时，实训教师需要考虑自己的实际情况和资源条件，合理制定目标和规划，确保能够在一定的时间内实现。发展目标应该具有一定的可塑性和灵活性。在职业生涯发展过程中，实训教师可能会面临各种挑战和变化，需要随时调整和修正自己的发展目标，以适应不断变化的环境和需求。

五、实训教师发展体系

（一）政策法规保障

实训教师发展体系的建立离不开政策法规的保障，政策法规的完善和执行对于实训教师的职业发展具有重要意义。

教育部门应该出台相关的政策法规，明确实训教师的职业地位和权利保障。这些政策法规可以包括实训教师的职称评定标准、职业发展通道、薪酬福利待遇、工作时间和休假制度等方面的规定，为实训教师的职业发展提供制度保障和政策支持。教育部门应该加强对实训教师的培训和发展的支持。通过组织各类教师培训和研修活动，提高实训教师的教学水平和专业能力，促进其职业发展。同时，建立健全的培训机制和评估体系，为实训教师的职业发展提供有效的支持和指导。

教育部门还应该加强对实训教师的监督和评估，确保其职业发展的公平公正。通过建立健全的考核评价机制，对实训教师的教学质量、科研能力、学术成果等方面进行全面评估，为实训教师的职业发展提供客观公正的评价标准和参考依据。

教育部门还应该加强对实训教师的职业权益保障，维护其合法权益和职业尊严。通过建立健全的劳动法律法规和劳动合同制度，保障实训教师的劳动权益和合法权利，提高其工作积极性和满意度，促进其职业发展和工作稳定。

（二）培养模式创新

在实训教师的发展体系中，培养模式的创新至关重要。首先，跨学科培养模式的引入可以打破传统学科的局限，将商务英语教学与其他学科、领域相结合，为实训教师提供更广泛的知识和技能，使其具备更全面的教学能力和应对复杂问题的能力。其次，实践导向的教学模式强调学生的实际操作和实践能力培养，通过引入真实案例、模拟商务场景和实地考察等教学方法，激发学生的学习兴趣，提高教学效果。同时，个性化教学的理念也应得到重视，根据学生的个性差异和学习需求，采用个性化教学方法，提高教学的针对性和有效性。在技术支持方面，结合现代技术手段为实训教师提供更多的教学资源和支持，如在线教学平台、虚拟实验室等，拓展教学方式和手段，提高教学效率和质量。最后，为实训教师提供更多的实习和实践机会也是创新培养模式的重要内容，让他们能够在真实的商务环境中进行教学实践和教学研究，积累丰富的教学经验和案例，进一步提高教学水平和能力。因此，培养模式的创新对于实训教师的发展体系建设具有重要意义，可以为其职业发展提供更多的支持和保障，促进其教学水平和能力的提高。

（三）激励机制完善

实训教师发展体系的完善需要激励机制的支持和保障。激励机制的完善可以从四个方面着手。

第一，建立良好的职业晋升通道和评价机制，为实训教师提供明确的晋升途径和发展空间。通过制定明确的职称评定标准和晋升条件，激励实训教师不断提高自己的教学水平和专业能力，促进其职业发展和个人成长。

第二，建立科学合理的薪酬体系和激励机制，为实训教师提供合理的薪酬待遇和福利保障。通过根据教师的教学质量、科研成果、教学评价等方面进行绩效考核，将薪酬与教师的实际表现和贡献挂钩，激励其积极投入到教学工作中，提高工作积极性和敬业精神。

第三，加强对实训教师的培训和职业发展的支持，为其提供更多的学习和成长机会。通过组织各类教师培训和研修活动，提高实训教师的教学水平和专业能力，促进其职业发展。同时，建立健全的评价机制和激励措施，对教师的教学成果和科研成果进行及时评价和认可，激励其继续努力和创新。

第四，建立良好的工作环境和团队氛围也是激励机制完善的重要内容。通过营造和谐融洽的工作氛围，鼓励教师之间的合作和交流，提高教师的工作满意度和归属感，增强其对学校和教育事业的忠诚度和认同感。

参考文献

[1] 鲍文.商务英语教育论[M].上海:上海交通大学出版社,2017.

[2] 王光林,彭青龙.商务英语教学与研究[M].上海:上海外语教育出版社,2008.

[3] 刘永厚.商务英语教学研究[M].北京:中国人民大学出版社,2016.

[4] 田卉.任务型商务英语教学研究[M].北京:国防工业出版社,2011.

[5] 李琳娜.商务英语教学理论与实践研究[M].长春:吉林大学出版社,2016.

[6] 陈建平.商务英语研究[M].杭州:浙江大学出版社,2010.

[7] 翁凤翔.商务英语研究[M].上海:上海交通大学出版社,2009.

[8] 夏璐.商务英语教学设计[M].武汉:华中科技大学出版社,2016.

[9] 姜伟杰,商务英语教学理论研究[M].长春:吉林大学出版社,2016

[10] 陈海燕.高职商务英语专业实训课程结构研究[M].北京:北京理工大学出版社,2016.

[11] 惠兆阳,赵莉莉.商务英语专业创新实践课程体系构建及实践[J].海外英语,2019, (第2期).

[12] 黄珊.多媒体和网络环境下商务英语视听说课程混合教学模式研究与实践[J].科教文汇,2017(8).

[13] 王子涵.多媒体在商务英语教学中的应用[J].当代旅游,2018, (第4期).